# A ARTE DA IMPERFEIÇÃO

# BRENÉ BROWN

# A ARTE DA IMPERFEIÇÃO

**ABANDONE A PESSOA
QUE VOCÊ ACHA QUE DEVE SER
E SEJA VOCÊ MESMO**

Título original: *The Gifts of Imperfection*
Copyright © 2010 por Brené Brown
Copyright da tradução © 2020 por GMT Editores Ltda.

Publicado mediante acordo com a editora original, Hazelden Betty Ford Foundation A/C Simon & Schuster, Inc.

Todos os direitos reservados. Nenhuma parte deste livro pode ser utilizada ou reproduzida sob quaisquer meios existentes sem autorização por escrito dos editores.

*tradução:* Lúcia Ribeiro da Silva
*preparo de originais:* Cristiane Pacanowski | Pipa Conteúdos Editoriais e Taís Monteiro
*revisão:* Suelen Lopes e Tereza da Rocha
*diagramação:* Julio Moreira | Equatorium Design
*capa:* Fernanda Mello e Angelo Bottino
*imagem de capa:* Jasmina007 / iStock
*impressão e acabamento:* Bartira Gráfica e Editora Ltda.

CIP-BRASIL. CATALOGAÇÃO NA PUBLICAÇÃO
SINDICATO NACIONAL DOS EDITORES DE LIVROS, RJ

B897a  Brown, Brené
A arte da imperfeição / Brené Brown; tradução de Lúcia Ribeiro da Silva. Rio de Janeiro: Sextante, 2020.
176 p.; 16 x 23 cm.

Tradução de: The gifts of imperfection
ISBN 978-85-431-0922-0

1. Imperfeição. 2. Conduta. 3. Autoaceitação. I. Silva, Lúcia Ribeiro da. II. Título.

19-61422                             CDD: 158.1
                                     CDU: 159.923.2

Todos os direitos reservados, no Brasil, por
GMT Editores Ltda.
Rua Voluntários da Pátria, 45 – Gr. 1.404 – Botafogo
22270-000 – Rio de Janeiro – RJ
Tel.: (21) 2538-4100 – Fax: (21) 2286-9244
E-mail: atendimento@sextante.com.br
www.sextante.com.br

Para Steve, Ellen e Charlie.

Amo vocês de todo o meu coração.

# SUMÁRIO

                    *Prefácio* 9

                    *Introdução:*
                    *Viver plenamente* 17

UM               *Coragem, Compaixão e Conexão:*
                    *A arte da imperfeição* 25

DOIS            *Explorando o poder do amor, do pertencimento*
                    *e da suficiência* 43

TRÊS            *As coisas que atrapalham* 53

DIRETRIZ Nº 1    CULTIVE A AUTENTICIDADE:
                    *Liberte-se do que os outros pensam* 75

DIRETRIZ Nº 2    CULTIVE A AUTOCOMPAIXÃO:
                      *Liberte-se do perfeccionismo* 83

DIRETRIZ Nº 3    CULTIVE UM ESPÍRITO RESILIENTE:
                    *Liberte-se do entorpecimento e da impotência* 93

DIRETRIZ Nº 4    CULTIVE A GRATIDÃO E A ALEGRIA:
                    *Liberte-se da escassez e do medo do escuro* 107

DIRETRIZ Nº 5   CULTIVE A INTUIÇÃO E A FÉ CONFIANTE:
                *Liberte-se da necessidade da certeza   117*

DIRETRIZ Nº 6   CULTIVE A CRIATIVIDADE:
                *Liberte-se das comparações   123*

DIRETRIZ Nº 7   CULTIVE A BRINCADEIRA E O DESCANSO:
                *Liberte-se da crença de que exaustão é símbolo
                de status e produtividade é sinônimo de valor pessoal   129*

DIRETRIZ Nº 8   CULTIVE A CALMA E A QUIETUDE:
                *Liberte-se da ansiedade como estilo de vida   137*

DIRETRIZ Nº 9   CULTIVE O TRABALHO SIGNIFICATIVO:
                *Liberte-se da insegurança e do que se espera de você   145*

DIRETRIZ Nº 10  CULTIVE O RISO, A MÚSICA E A DANÇA:
                *Liberte-se da necessidade de ser descolado(a)
                e de estar sempre no controle   153*

                *Considerações finais   163*

                *Sobre o processo de pesquisa:
                Para os que buscam emoções e os viciados
                em metodologia   165*

                *Referências   169*

                *Agradecimentos   175*

# PREFÁCIO

*Assumir nossa história e amar a nós mesmos nesse processo é a coisa mais corajosa que podemos fazer*

Depois que vemos um padrão, é impossível "desvê-lo". Acredite, eu já tentei. Mas, quando a mesma verdade se repete seguidamente, é difícil fingir que é apenas coincidência. Por exemplo, por mais que eu tente me convencer de que posso funcionar direito tendo dormido seis horas, qualquer coisa abaixo de oito horas de sono me deixa impaciente, ansiosa e querendo consumir carboidratos. É um padrão. Também tenho um padrão terrível de procrastinação: sempre adio os momentos de escrita rearrumando a casa inteira e desperdiçando tempo e dinheiro na compra de artigos de escritório e sistemas de organização. Isso toda vez que preciso escrever.

Uma das razões pelas quais é impossível *desver* tendências é que nossa mente é programada para buscar padrões e lhes atribuir significados. O ser humano é uma espécie que cria sentido para as coisas. E, para o bem ou para o mal, minha mente está muito bem regulada para esse fim. Passei anos me preparando para essa função e, hoje em dia, é assim que ganho a vida.

Na condição de pesquisadora, observo o comportamento humano a fim de identificar e denominar as ligações, as relações e os padrões sutis que nos ajudam a dar sentido a nossos pensamentos, hábitos e sentimentos.

Adoro o que faço. Buscar padrões é um trabalho maravilhoso e, de fato, ao longo da carreira, minhas tentativas de *desver* restringiram-se estritamente à minha vida pessoal e às vulnerabilidades pouco lisonjeiras que eu gostava de negar. Tudo isso mudou em novembro de 2006, quando a pesquisa apresentada nestas páginas me acertou em cheio. Pela primeira vez na vida profissional, desejei *desver* minha própria pesquisa.

Até aquele momento, eu havia me dedicado a estudar sentimentos difíceis, como vergonha, medo e vulnerabilidade. Escrevera trabalhos acadêmicos sobre a vergonha, tinha elaborado um curso sobre a resiliência à vergonha para profissionais de saúde mental e os que trabalham com dependentes químicos, e havia escrito um livro sobre como combater a cultura da vergonha, intitulado *Eu achava que isso só acontecia comigo*.[1]

No processo de colher milhares de depoimentos de diversos homens e mulheres de todas as regiões dos Estados Unidos, com idade entre 18 e 87 anos, identifiquei novos padrões sobre os quais quis aprender mais. Sim, todos lutamos com a vergonha e o medo de não sermos bons o suficiente. E, sim, muitos tememos deixar que nosso verdadeiro eu venha à tona e seja visto. Mas, em meio àquela montanha de dados, havia também histórias e mais histórias de homens e mulheres que levavam uma vida admirável e inspiradora.

Ouvi narrativas sobre o poder de acolher a imperfeição e a vulnerabilidade. Aprendi sobre o vínculo indissociável entre alegria e gratidão e compreendi que coisas que eu tendia a desvalorizar – como o descanso e a diversão – são tão vitais para nossa saúde quanto a alimentação e os exercícios físicos. Os participantes daquela pesquisa confiavam em si mesmos e falavam da autenticidade, do amor e da sensação de pertencimento de um modo que era completamente novo para mim.

Eu queria examinar mais a fundo essas histórias, por isso peguei papel e caneta e escrevi a primeira palavra que me veio à cabeça: plenitude. Ainda não sabia ao certo o que isso significava, mas tinha certeza de que aquelas eram pessoas que viviam e amavam de todo o coração.

Eu tinha uma porção de perguntas sobre a plenitude. O que essas pessoas valorizavam? Como conseguiam agir com tanta resiliência? Quais eram suas grandes preocupações e de que modo lidavam com elas? Era possível alguém conquistar uma Vida Plena? O que é preciso para cultivar aquilo de que precisamos? O que atrapalha esse processo?

Quando comecei a analisar as histórias e a buscar temas recorrentes, identifiquei alguns padrões e os separei em duas colunas, que inicialmente chamei de Sim e Não. A coluna do Sim estava repleta de palavras como autoestima, descanso, diversão, confiança, fé, intuição, esperança, autenticidade, amor, pertencimento, alegria, gratidão e criatividade. A coluna do Não tinha uma profusão de palavras como perfeição, entorpecimento, convicção, exaustão, autossuficiência, desenvoltura, adaptação, crítica e escassez.

Levei um susto na primeira vez que me distanciei das anotações e assimilei aquilo tudo. Foi um choque terrível. Lembro-me de ter murmurado: "Não. Não. Não. Como é possível?"

Apesar de ter escrito as listas, fiquei perplexa ao lê-las. Quando codifico dados, entro no modo pesquisadora concentrada. Meu único foco é captar com exatidão o que ouço nos depoimentos. Não penso em como eu diria isto ou aquilo, mas em como os participantes da pesquisa o disseram. Não penso no que determinada experiência significaria para mim, mas no que significou para a pessoa que me falou dela.

Eu me sentei na cadeira vermelha junto à mesa da sala e passei um longo tempo examinando essas duas listas. Meus olhos corriam para cima e para baixo e de um lado para outro. Lembro que, a certa altura, fiquei lá sentada com lágrimas nos olhos e tapando a boca com uma das mãos, como se alguém tivesse acabado de me dar uma notícia ruim.

E, de fato, a notícia era ruim. Eu achava que descobriria que as pessoas que vivem plenamente eram iguais a mim e faziam as mesmas coisas que eu: trabalhar com afinco, cumprir regras, insistir até acertar, sempre procurar se conhecer melhor, criar os filhos exatamente de acordo com as normas...

Depois de uma década estudando assuntos difíceis, como a vergonha, eu realmente julgava merecer a confirmação de que estava "vivendo da forma correta".

Mas eis a dura lição que aprendi naquele dia (e em todos os dias desde então):

*Conhecermos e compreendermos a nós mesmos é crucial, porém existe algo ainda mais importante para se levar uma vida plena: nos amarmos.*

O conhecimento é importante, mas precisamos ser bondosos e gentis conosco enquanto nos esforçamos para descobrir quem somos. A plenitude decorre tanto de acolhermos nossa ternura e nossa vulnerabilidade quanto de desenvolvermos conhecimento e reivindicarmos poder.

Mas talvez a lição mais dolorosa daquele dia, a lição que me atingiu com tanta força que me deixou sem fôlego, tenha sido esta: os dados deixaram bem claro que não podemos dar a nossos filhos o que não temos. O ponto em que nos encontramos em nossa trajetória de viver e amar de todo o coração é um indicador muito mais forte do nosso sucesso como pais do que qualquer coisa que possamos aprender nos livros.

Essa trajetória se divide igualmente entre o trabalho do coração e o trabalho da mente, e, sentada ali, naquele dia sombrio de novembro, ficou claro para mim que havia deficiências em meu trabalho com o coração.

Por fim, me levantei, peguei a caneta na mesa, tracei uma linha sob a coluna do Não e escrevi abaixo dela a palavra *eu*. Minhas lutas pareciam perfeitamente caracterizadas pela soma dos itens daquela lista.

Cruzei os braços, tornei a afundar na cadeira e pensei: *Que maravilha. Estou vivendo exatamente de acordo com a lista das coisas negativas.*

Passei uns vinte minutos andando pela casa, na tentativa de desver e desfazer tudo o que acabara de ser revelado, mas não consegui forçar as palavras a desaparecerem. Não podia voltar atrás, então optei pela segunda melhor alternativa: dobrei todas as folhas bem dobradinhas e as guardei em uma caixa de plástico, que coube perfeitamente embaixo da minha cama, ao lado dos materiais para embrulhar presentes de Natal. Eu só voltaria a abrir essa caixa em março de 2008.

Em seguida, comecei a me consultar com uma terapeuta realmente boa e dei início a um ano de trabalho sério sobre os afetos, que viria a modificar minha vida para sempre. Diana, minha terapeuta, e eu rimos até hoje ao lembrar minha primeira consulta. Ela, que também atende muitos terapeutas, começou pela frase de praxe:

– E então, o que está havendo?

Peguei a lista do Sim e, com ar displicente, respondi:

– Preciso de mais itens desta lista. Umas dicas e ferramentas específicas seriam úteis. Nada muito profundo. Nada dessas bobagens de infância ou coisa parecida.

Foi um longo ano. No meu blog, refiro-me a ele, amorosamente, como o ~~Colapso~~ Despertar Espiritual de 2007. Para mim, a sensação foi de um colapso clássico, mas Diana o chamou de despertar espiritual. Acho que nós duas tínhamos razão. Aliás, começo a me perguntar se é possível ter um sem o outro.

Não foi por coincidência, é claro, que essa revelação tenha acontecido em novembro de 2006. As estrelas estavam perfeitamente alinhadas para um colapso: eu estava com o ânimo alterado por ter recentemente parado de consumir açúcar e glúten, faltavam poucos dias para o meu aniversário (sempre um momento contemplativo para mim), sentia-me exausta com o trabalho e estava à beira de *me dar conta da meia-idade*.

As pessoas podem chamar o que acontece na meia-idade de "crise", mas não se trata disso. Trata-se de uma revelação – aquele momento em que sentimos a urgência de levar a vida que queremos, não a que "esperam" de nós. A revelação é aquele momento em que somos desafiados pelo universo a abandonar o que achamos que devemos ser e assumir quem somos.

A meia-idade é, com certeza, uma das grandes jornadas de revelação, mas há outras ao longo da vida:

- casamento
- divórcio
- maternidade/paternidade
- recuperação de uma doença
- mudança de casa
- partida dos filhos
- aposentadoria
- vivência de perdas ou traumas
- emprego desgastante

O que não falta são alertas enviados pelo universo. Mas somos especialistas em ignorá-los.

Como ficou claro, o trabalho que precisei fazer foi profundo e difícil. Chafurdei nele até que um dia, esgotada e ainda toda suja de lama da viagem, percebi: "Ah, meu Deus! Estou diferente, me sinto alegre e real. Ainda tenho medo, mas também me percebo corajosa. Alguma coisa mudou – consigo sentir isso nas minhas entranhas."

Eu me tornei mais saudável, mais alegre e mais grata do que nunca. Me senti mais calma e com os pés no chão, além de significativamente menos ansiosa. Reativei minha vida criativa, restabeleci os laços com minha família e meus amigos de uma nova maneira e, o mais importante, pela primeira vez na vida fiquei realmente à vontade por ser eu mesma.

Aprendi a me preocupar mais com o que eu sentia e menos com o que os outros poderiam pensar. Estabeleci novos limites e comecei a abandonar minha necessidade de agradar, de me sair bem e de deixar tudo perfeito. Comecei a dizer "Não" em vez de "É claro" (e depois ficar ressentida e fula da vida). Comecei a dizer "Claro que quero!" em vez de "Parece divertido, mas estou cheia de trabalho para fazer", ou "Farei isso quando estiver... (mais magra, menos ocupada, mais preparada)".

Enquanto me dedicava à minha Jornada da Plenitude com Diana, li uns quarenta livros, entre eles todos os relatos de despertar espiritual ao meu alcance. Foram guias extremamente úteis, mas continuei a ansiar por um manual que fosse capaz de oferecer inspiração, dicas e, em suma, servir como um companheiro do viajante da alma.

Um dia, quando contemplava a alta pilha de livros mal equilibrada em minha mesa de cabeceira, me deu um estalo: *Quero contar esta história em um livro de memórias.* Contarei como uma acadêmica cética e metida a sabichona se transformou exatamente no estereótipo que havia ridicularizado durante toda a sua vida adulta. Vou confessar como me tornei a mulher de meia-idade que se encontra em processo de recuperação, que cuida da saúde, que é criativa, uma sentimentaloide em busca da espiritualidade, que passa dias contemplando coisas como bênção, amor, gratidão, criatividade e autenticidade, e que é mais feliz do que imaginava ser possível. O título será *Plenitude*.

Também me lembro de ter pensado: *Antes de escrever minhas memórias, preciso usar esta pesquisa para escrever um manual sobre como viver plenamente!* Em meados de 2008, eu havia enchido três caixas enormes com cadernos, diários e pilhas de dados. Também tinha passado inúmeras horas fazendo novas pesquisas. Dispunha de tudo de que precisava, inclusive um desejo apaixonado de escrever o livro que você tem agora nas mãos.

Naquele dia fatídico de novembro em que fiz a lista e fui atingida pela constatação de que não estava vivendo e amando de todo o coração, não fiquei totalmente convencida. Ver a lista não bastou para que eu de fato acreditasse nela. Tive que cavar bem fundo e fazer a *escolha consciente* de acreditar... acreditar em mim mesma e na possibilidade de levar uma vida diferente. Depois de incontáveis questionamentos, lágrimas e uma imensa coleção de momentos de alegria, acreditar me ajudou a enxergar.

Agora vejo que reconhecer nossa própria história e amar a nós mesmos ao longo desse processo é a coisa mais corajosa que podemos fazer.

Agora vejo que cultivar uma Vida Plena não é tentar chegar à um destino. É como caminhar em direção a uma estrela no céu. Nunca a alcançaremos, mas temos a certeza de que estamos indo na direção certa.

Agora vejo que dons como a coragem, a compaixão e a conexão só funcionam quando são exercitados. Todos os dias.

Agora vejo que o trabalho de *cultivar* e *se libertar* que aparece nas dez diretrizes não é algo para incluir em uma "lista de afazeres". Não é algo que realizamos ou adquirimos e, em seguida, riscamos da lista. É o trabalho de uma vida. É o trabalho da alma.

Para mim, crer foi ver. Primeiro acreditei, e só então pude ver que somos realmente capazes de transformar a nós mesmos, nossa família e nossa comunidade. Basta encontrarmos a coragem de viver e amar de todo o coração. É uma honra embarcar nesta jornada com você!

# INTRODUÇÃO

## *Viver plenamente*

Viver plenamente é nos engajarmos na nossa vida a partir de uma perspectiva de amor-próprio. Significa cultivar a coragem, a compaixão e a conexão necessárias para acordar de manhã e pensar: *Não importa o que seja feito e o que fique faltando fazer, eu sou suficiente.* É deitar à noite para dormir e pensar: *Sim, eu sou imperfeito(a) e vulnerável e, às vezes, tenho medo, mas isso não altera o fato de que sou corajoso(a) e digno(a) de amor e de pertencimento.*

### A jornada

Viver plenamente não é uma escolha que se faça uma só vez. É um processo. Na verdade, acredito que é a jornada de uma vida inteira. Meu objetivo é trazer consciência e clareza à constelação de escolhas que levam à plenitude e relatar o que aprendi com inúmeras pessoas que se dedicaram a viver e amar de todo o coração.

Antes de embarcarmos em uma viagem, inclusive nesta, é importante pensar no que é preciso levar. O que é preciso para viver e amar a partir do amor-próprio? Como aceitar a imperfeição? Como cultivar aquilo de que precisamos e nos libertar do que nos detém? As respostas a todas essas perguntas são coragem, compaixão e conexão – as ferramentas necessárias para trilhar nossa jornada.

Se você está pensando *Que ótimo. Só preciso ser um super-herói para combater o perfeccionismo*, eu compreendo. Coragem, compaixão e conexão soam como ideais grandiosos e elevados. Na realidade, porém, elas são práticas do dia a dia que, quando suficientemente exercitadas, se transformam em dádivas incríveis em nossa vida. E a boa notícia é que nossas vulnerabilidades são o que nos obriga a lançar mão delas. Por sermos humanos e tão lindamente imperfeitos, precisamos colocar essas ferramentas admiráveis em prática todos os dias. Desse modo, a coragem, a compaixão e a conexão tornam-se uma arte – a arte da imperfeição.

Eis o que você vai descobrir nas páginas seguintes. No Capítulo 1, explico o que aprendi sobre coragem, compaixão e conexão e por que elas são, verdadeiramente, as melhores ferramentas para desenvolvermos o amor-próprio.

Depois de entendermos com clareza os instrumentos que usaremos nesta jornada, passaremos, no Capítulo 2, ao cerne da questão: amor, pertencimento e valor pessoal. Responderei a algumas das perguntas mais difíceis da minha carreira: O que é o amor? Podemos amar uma pessoa e traí-la? Por que a necessidade constante de nos enquadrarmos sabota a verdadeira sensação de pertencimento? É possível amarmos as pessoas importantes de nossa vida, como nosso cônjuge e nossos filhos, mais do que amamos a nós mesmos? Como definir nosso valor pessoal, e por que tantas vezes acabamos batalhando por ele em vez de acreditar nele?

Deparamos com obstáculos em todas as nossas jornadas, e a da plenitude não é exceção. No Capítulo 3, vamos explorar o que descobri serem as maiores barreiras que se erguem à frente de viver e amar de todo o coração, e como podemos desenvolver estratégias eficazes para transpor essas barreiras e cultivar a resiliência.

A partir daí, examinaremos as dez diretrizes da jornada para a Vida Plena – práticas cotidianas que indicam a direção do nosso caminho. Para cada diretriz há um capítulo recheado de histórias, definições, citações e ideias para fazermos escolhas deliberadas e inspiradas sobre nossa maneira de viver e amar.

## Momentos definidores

Este livro está repleto de conceitos grandiosos, como *amor*, *pertencimento* e *autenticidade*. Acredito ser de importância crucial definir certas palavras que circulam diariamente por toda parte, mas raras vezes são explicadas. E penso que as boas definições devem ser acessíveis e usáveis. Procurei definir essas palavras de um modo que nos ajude a desdobrar os termos e estudar suas partes. Quando vamos além das palavras reconfortantes e investigamos as experiências cotidianas que colocam o *coração* na Vida Plena, podemos ver como as pessoas definem os conceitos que movem seus atos, suas crenças e emoções.

Quando os participantes da pesquisa falavam de um conceito como *amor*, por exemplo, eu tomava o cuidado de defini-lo tal como eles o vivenciavam. Às vezes, isso exigia criar novas definições (como fiz, aliás, com *amor* e muitas outras palavras). Em outras ocasiões, quando consultei a literatura existente, encontrei definições que captavam o espírito das experiências dos participantes. Um bom exemplo disso é *brincar*. Brincar é um componente essencial da Vida Plena e, ao pesquisar sobre o tema, descobri o admirável trabalho do Dr. Stuart Brown.[2] Assim, em vez de criar uma nova definição, passei a citar seu livro, porque ele reflete com precisão o que aprendi em minha pesquisa.

Reconheço que definições geram controvérsias e discordâncias, mas, por mim, tudo bem. Prefiro debates sobre o significado das palavras que são importantes para nós à ausência de discussão sobre elas. Precisamos de uma linguagem comum que nos ajude a criar consciência e compreensão, que são essenciais para se viver plenamente.

## Raspar o fundo do tacho

No começo de 2008, quando meu blog ainda era bem recente, fiz uma postagem sobre haver quebrado meu botão da "raspa do tacho". Você conhece esse botão, não é? É aquele que a gente aperta quando precisa de energia para levantar mais uma vez no meio da noite, ou para lavar mais uma trouxa de roupa suja de vômito ou diarreia, ou para pegar mais um avião, ou dar mais um telefonema, ou agradar/desempenhar/aperfeiçoar algo como sempre, mesmo quando nossa vontade é dar um fora em alguém e nos esconder debaixo das cobertas.

O botão da raspa do tacho é um nível secreto de esforço extra quando a pessoa está exausta e sobrecarregada, e quando tem coisas em excesso para fazer e muito pouco tempo para cuidar de si.

No meu blog, expliquei que havia decidido não consertar esse meu botão. Tinha prometido a mim mesma que, quando me sentisse esgotada emocional, física e espiritualmente, tentaria diminuir o ritmo em vez de contar com meus velhos mecanismos de reserva, que me faziam ir além dos meus limites, perseverar e aguentar o tranco. Deu certo durante algum tempo, mas depois senti falta do botão. Senti falta de ter algo a que recorrer quando estava esgotada e abatida. Eu precisava de uma ferramenta que me ajudasse a encontrar uma saída. Assim, voltei-me outra vez para minhas pesquisas, para ver se conseguia achar um jeito de raspar o tacho que fosse mais compatível com viver plenamente. Talvez houvesse algo melhor do que simplesmente me resignar a aguentar firme.

Eis o que descobri: os homens e as mulheres que vivem plenamente raspam, sim, o fundo do tacho. Só que fazem isso de outra maneira. Quando se sentem exaustos e sobrecarregados, recorrem a reflexão, inspiração e ação, ou RIA:

**R**efletem sobre suas ideias e seus comportamentos por meio de oração ou meditação, ou simplesmente estabelecendo suas intenções.
**I**nspiram-se para fazer escolhas novas e diferentes.
**A**gem.

Desde que fiz essa descoberta, tenho raspado o fundo do meu tacho de uma nova forma, com o RIA, e tem sido incrível. Posso citar o exemplo de algo que aconteceu recentemente, quando eu andava perdida na neblina da internet. Em vez de trabalhar, ficava apenas me entorpecendo com brincadeiras alienantes no Facebook e desperdiçando meu tempo no computador. Eu não estava relaxando nem sendo produtiva – aquilo era só uma gigantesca perda de tempo e energia.

Experimentei a nova forma de raspar o tacho – refleti, inspirei-me e agi. Disse a mim mesma: "Se você precisa recarregar as baterias e vagar pela internet é divertido e relaxante, vá em frente. Se não é, faça deliberadamente alguma coisa relaxante. Encontre algo inspirador para fazer em vez de algo desgastante. E por último, mas não menos importante, levante da cadeira e entre em ação!" Fechei o laptop, fiz uma breve oração para me lembrar de ser compassiva comigo mesma e assisti a um filme na Netflix que queria ver fazia mais de um mês. Era exatamente disso que eu precisava.

Não foi o "raspar o tacho" de sempre – a forçação de barra. Não me obriguei a começar a trabalhar nem a fazer algo produtivo. Em vez disso, em oração, intencional e ponderadamente, fiz uma atividade revigorante.

Cada diretriz tem uma seção RIA para ajudar você a pensar em como fazer escolhas conscientes e inspiradas e como entrar em ação. Compartilho minhas estratégias pessoais do RIA e incentivo você a inventar as suas. Essas novas ferramentas têm sido muito mais eficazes do que a antiga "forçação de barra".

### *Como espero contribuir*

Este livro é repleto de temas marcantes, como autocompaixão, aceitação e gratidão. Não sou a primeira a falar desses assuntos e, com certeza, não sou a pesquisadora mais inteligente nem a escritora mais talentosa. Mas sou a primeira a explicar como funcionam, individualmente e em conjunto, no cultivo da Vida Plena. E, o que talvez seja mais importante, com certeza sou a primeira pessoa a abordar esses temas da perspectiva de alguém que passou anos estudando a vergonha e o medo.

Não sei dizer quantas vezes eu quis desistir das minhas pesquisas sobre a vergonha. É extremamente difícil dedicar-se ao estudo de assuntos que melindram as pessoas. Em diversas ocasiões, joguei as mãos para o alto e disse: "Desisto. É difícil demais. Há inúmeras coisas bacanas para se estudar. Quero largar isto!" Mas não fui eu que escolhi estudar a vergonha e o medo, foi a pesquisa que me escolheu.

Agora sei por quê. Era do que eu precisava, em termos profissionais e pessoais, para me preparar para este trabalho sobre a Vida Plena. Podemos falar de coragem, amor e compaixão até parecermos uma coleção de cartões com frases bonitas, mas, a não ser que estejamos dispostos a ter uma conversa franca sobre o que nos impede de pôr essas coisas em prática no nosso dia a dia, nunca mudaremos. Nunca, jamais.

A coragem parece ótima, porém precisamos falar de como ela exige que deixemos de lado a opinião dos outros – e, para a maioria de nós, isso dá medo. Compaixão é algo que todos queremos, mas será que estamos dispostos a ver que dar limites e dizer *não* são componentes cruciais da compaixão? Conseguiremos dizer *não* mesmo que decepcionemos alguém? A sensação de pertencimento é um componente essencial da Vida Plena, mas primeiro temos de cultivar a autoaceitação – e por que isso é uma batalha tão dura?

Antes de começar a escrever, sempre me pergunto: "Por que vale a pena escrever este livro? Qual é a contribuição que espero dar?" Ironicamente, creio que a contribuição mais valiosa que posso trazer para as discussões permanentes sobre amor, pertencimento e valor pessoal decorre de minhas experiências como pesquisadora da vergonha.

Chegar a este trabalho com a plena compreensão de como as vozes maldosas na nossa cabeça e os monstrinhos da vergonha nos levam a sentir medo e pequenez permite que eu faça mais do que expor grandes ideias; me ajuda a compartilhar estratégias verdadeiras de mudança de vida. Se quisermos saber por que todos temos tanto medo de deixar nosso verdadeiro eu vir à tona e ser visto, teremos que compreender o poder da vergonha e do medo. Se não formos capazes de enfrentar a voz interior que diz "Você nunca é bom o bastante" e "Quem você pensa que é?", não conseguiremos avançar.

Quem me dera se, naqueles momentos de aflição e derrota do meu passado, quando eu estava mergulhada até o pescoço nas pesquisas sobre a vergonha, eu soubesse o que sei agora. Se pudesse voltar e cochichar no meu ouvido, eu diria a mim mesma o que direi a você ao iniciarmos esta jornada:

*Assumir nossa história pode ser difícil, mas nem de longe é tão difícil quanto passarmos a vida fugindo dela. Aceitar nossas vulnerabilidades é arriscado, mas nem de longe é tão perigoso quanto desistir do amor, do pertencimento e da alegria – as experiências que mais nos tornam vulneráveis. Só quando tivermos coragem suficiente para explorar as trevas é que descobriremos o poder infinito da nossa luz.*

UM

*Coragem, Compaixão e Conexão:
A arte da imperfeição*

Praticar a coragem, a compaixão e a conexão em nossa vida cotidiana é a maneira de cultivarmos nossa sensação de valor pessoal. A palavra-chave é *praticar*. A teóloga Mary Daly escreveu: "Coragem é como... uma postura, um hábito, uma virtude: você a obtém através de atos corajosos. É como aprender a nadar nadando. Aprende-se a coragem praticando-a." O mesmo se aplica à compaixão e à conexão ou sintonia. Introduzimos compaixão em nossa vida ao agirmos de modo compassivo com nós mesmos e com os outros, e nos sentimos conectados com a vida quando buscamos o outro e estabelecemos vínculos com ele.

Antes de definir esses conceitos e explicar sua função, quero mostrar-lhe como os três funcionam juntos na vida real – como práticas. Trata-se de uma história pessoal sobre a coragem de buscar ajuda, a compaixão que vem de dizer "Já passei por isso" e os elos que alimentam nossa sensação de valor pessoal.

### *A tempestade de vergonha da atiradora de aluguel*
Não faz muito tempo, a diretora de uma grande escola pública de ensino fundamental e a presidenta de sua Associação de Pais e Mestres (APM) me convidaram para dar uma palestra para um grupo de pais sobre a relação entre resiliência e limites. Na época, eu vinha colhendo dados

sobre prática parental plena e escolas, por isso fiquei animada com essa oportunidade. Não fazia ideia de onde estava me metendo.

No instante em que pisei no auditório, senti a energia estranhíssima que vinha dos pais na plateia. Eles pareciam quase agitados. Questionei a diretora sobre isso, mas ela apenas deu de ombros e se afastou. A presidenta da APM também não tinha muito a dizer sobre o fato. Atribuí aquilo a meu nervosismo e tentei deixar para lá.

Eu estava sentada na primeira fila quando a diretora me apresentou. Essa é sempre uma experiência muito constrangedora. Alguém começa a desfiar uma lista das minhas realizações enquanto, em segredo, me seguro para não vomitar e não sair correndo. Bem, essa apresentação foi além de tudo que eu já havia vivenciado.

A diretora disse coisas do tipo "Vocês podem não gostar do que vão ouvir hoje, mas precisamos escutar, pelo bem dos nossos filhos. A Dra. Brené Brown está aqui para transformar nossa escola e nossa vida! Ela vai nos colocar nos trilhos, queiramos ou não!"

Ela falava em um tom alto e agressivo, que a fazia parecer extremamente irritada. Tive a sensação de estar sendo apresentada em um evento profissional de luta livre. Só faltaram a trilha sonora característica e as luzes estroboscópicas.

Olhando para trás, eu devia ter subido no palco e dito: "Estou me sentindo muito constrangida. Fico animada por estar aqui, mas, com certeza, não vim colocar ninguém nos trilhos. Também não quero que pensem que estou tentando transformar sua escola em apenas uma hora. O que está havendo?"

Mas não fiz isso. Apenas comecei a falar, no meu estilo vulnerável de sou-pesquisadora-mas-também-sou-uma-mãe-com-dificuldades. Bem, a sorte tinha sido lançada. Aqueles pais não foram receptivos. Muito pelo contrário: em uma fileira após outra, me fuzilavam com os olhos.

Sentado bem na frente, um homem manteve os braços cruzados e trincava os dentes com tanta força que as veias lhe saltavam do pescoço. A cada três ou quatro minutos, remexia-se na cadeira, revirava os olhos e suspirava mais alto do que eu já ouvira qualquer pessoa suspirar. Era tão barulhento que chego a ficar sem jeito de chamar aquilo de suspiro. Mais parecia que ele estava bufando. Era tão incômodo que as pessoas próximas a ele ficaram visivelmente mortificadas com seu comportamento. Continuaram inexplicavelmente descontentes comigo, mas ele estava tornando a noite insuportável para todos nós.

Como professora e líder de grupo tarimbada, sei lidar com essas situações e, normalmente, fico à vontade ao fazer isso. Quando alguém tem uma conduta que perturba o restante do grupo, só há duas alternativas, na verdade: ignorar a pessoa ou fazer uma pausa, para poder confrontá-la em particular sobre sua postura inapropriada. Mas eu estava tão perturbada com aquela experiência estranha que fiz a pior coisa possível: tentei impressioná-lo.

Comecei a falar mais alto e a me mostrar realmente empolgada. Citei estatísticas assustadoras, capazes de aterrorizar qualquer pai ou mãe. Apelei até para *É melhor vocês me escutarem, senão seus filhos vão largar os estudos no terceiro ano e começar a pegar carona com estranhos, usar drogas e fazer loucuras.*

Nada. Lhufas.

Não consegui arrancar dele nem um aceno de concordância, nem um leve sorriso, nem coisa alguma. Só consegui apavorar os outros 250 pais já irritados. Foi um desastre. Tentar cooptar ou conquistar um sujeito como aquele é sempre um erro, porque significa abrir mão da sua autenticidade em troca de aprovação. Você deixa de acreditar no próprio valor e começa a batalhar por ele. E, minha nossa, como eu batalhei!

No instante em que a palestra terminou, peguei minhas coisas e corri para o carro. Senti o rosto pegando fogo enquanto saía do estacionamento. Sentia-me insignificante, com o coração disparado. Tentei afastar da lembrança a imagem do meu comportamento doido, mas não conseguia parar de pensar nisso. Armou-se a tempestade de vergonha.

Quando os ventos da vergonha açoitam tudo à minha volta, é quase impossível eu me agarrar a qualquer perspectiva ou lembrar qualquer coisa boa a meu respeito. Nesse dia, entrei direto na terrível autorrecriminação do *Nossa, como sou idiota! Por que fui fazer aquilo?*

O maior benefício, para mim, de ter feito esse trabalho (a pesquisa e o trabalho pessoal) é saber reconhecer a vergonha quando ela acontece. Primeiro, conheço meus sintomas físicos da vergonha – boca seca, tempo passando mais devagar, visão estreitada, rosto quente, coração acelerado. Sei que as dolorosas reprises mentais em câmera lenta, uma após outra, são um sinal de alerta.

Sei também que a melhor coisa a fazer quando isso acontece parece totalmente anti-intuitiva: pôr a coragem em prática e pedir ajuda! Temos que assumir nossa história e compartilhá-la com alguém que tenha conquistado o direito de ouvi-la, alguém que tenhamos certeza de que vai reagir com compaixão. Precisamos de coragem, compaixão e conexão. O mais depressa possível.

A vergonha detesta que busquemos ajuda e contemos nossa história. Detesta ser posta em palavras – não sobrevive a ser compartilhada. Ela gosta de sigilo. Mas a coisa mais perigosa a fazer, depois de uma experiência de vergonha, é esconder ou sepultar nossa história. Quando fazemos isso, a vergonha se alastra feito metástase. Lembro-me de ter dito em voz alta: "Preciso falar com alguém JÁ, NESTE INSTANTE. Coragem, Brené!"

Este é o xis do problema quando se trata de compaixão e conexão: não se pode procurar qualquer um. Não é tão simples assim. Tenho muitos bons amigos, mas há poucas pessoas com quem posso contar para a prática da compaixão quando estou nas trevas da vergonha.

Quando compartilhamos nossa história de vergonha com a pessoa errada, isso pode facilmente piorar uma situação já ruim. Precisamos de uma conexão forte em uma situação dessas – sólida como uma árvore firmemente plantada no chão. E, decididamente, temos que evitar algumas coisas:

1. O amigo ou amiga que ouve a sua história e envergonha-se por você. Fica ofegante e confirma quanto você deve estar horrorizado(a). Depois, vem um silêncio incômodo. E então, é *você* que precisa fazê-lo(a) se sentir melhor.
2. O amigo ou amiga que reage com piedade (sinto muito por você) e não com empatia (sei como é, sinto o mesmo que você, já passei por isso). Se você quiser ver um ciclone de vergonha tornar-se mortífero, brinde-o com uma colocação do tipo "Ah, coitadinho(a)!".
3. O amigo ou amiga que precisa que você seja um pilar de valor e autenticidade. Não consegue ajudar porque fica desapontado(a) demais com as suas imperfeições. Você o(a) decepcionou.
4. O amigo ou amiga que fica tão consternado(a) com sua vulnerabilidade que repreende você: "Como você foi deixar isso acontecer? Onde estava com a cabeça?" Ou então procura alguém para culpar: "Quem era esse cara? Vamos acabar com ele."
5. O amigo ou amiga que só quer melhorar as coisas e que, pelo próprio incômodo, se recusa a admitir que você pode, sim, ficar maluco(a) às vezes e fazer escolhas terríveis: "Você está exagerando. Não foi tão ruim assim. Você é o máximo. Você é perfeito(a). Todo mundo gosta de você."
6. O amigo ou amiga que confunde "conexão" com uma oportunidade de superar você: "Isso não foi nada. Escute só o que aconteceu comigo uma vez!"

É claro que todos somos capazes de ser "esses amigos" – ainda mais quando alguém nos conta uma história que atinge em cheio o nosso núcleo de vergonha. Somos humanos, imperfeitos e vulneráveis. É difícil praticar a compaixão quando estamos lutando com nossa autenticidade, ou quando nossa autoestima está meio vacilante.

Ao buscarmos compaixão, precisamos de alguém com estrutura sólida, capaz de ser flexível, e, acima de tudo, precisamos de alguém que nos acolha por nossas forças e nossas fraquezas. Precisamos honrar nossa luta, compartilhando-a com alguém que tenha *conquistado* o direito de conhecê-la. Quando buscamos compaixão, precisamos nos conectar com a *pessoa certa*, na *hora certa* e sobre a *questão certa*.

Telefonei para minha irmã. Foi só depois do ~~Colapso~~ Despertar Espiritual de 2007 que passei a ligar para uma de minhas irmãs ou para meu irmão em busca de apoio nos ciclones de vergonha. Sou quatro anos mais velha que meu irmão e oito anos mais velha que minhas irmãs (que são gêmeas). Antes de 2007, eu estava bem enquadrada no papel de irmã mais velha e perfeita (ou seja, tensa, crítica e melhor do que os outros).

Ashley foi incrível. Escutou e respondeu com perfeita compaixão. Teve a coragem de recorrer às próprias dificuldades em relação à autoestima para conseguir se conectar de verdade com o que eu estava vivendo. Disse coisas maravilhosamente sinceras e empáticas, como: "Caramba, que barra pesada! Já passei por isso. Detesto essa sensação!" Talvez isso não fosse o que outra pessoa precisaria ouvir, mas foi o máximo para mim.

Ashley não vacilou nem foi tragada pela tempestade criada por minha experiência. Também não foi rígida, me criticando ou me culpando. Não tentou me corrigir nem fazer com que eu me sentisse melhor. Apenas ouviu e teve a coragem de compartilhar comigo algumas de suas vulnerabilidades.

Eu me senti totalmente exposta e, ao mesmo tempo, plenamente amada e aceita (o que, para mim, é a definição de compaixão). Acredite quando digo que a vergonha e o medo não conseguem suportar esse tipo de elo poderoso entre as pessoas. É exatamente por isso que coragem, compaixão e conexão são as ferramentas de que precisamos para nossa jornada para a Vida Plena. Para completar, minha disposição de deixar alguém com quem me importo me ver como imperfeita levou a um fortalecimento da nossa relação que perdura até hoje – e é por isso que posso chamar a tríade coragem, compaixão e conexão de "a arte da imperfeição". Quando nos dispomos a ser imperfeitos e verdadeiros, essas dádivas continuam a dar frutos.

*Só para concluir rapidamente a história: cerca de uma semana depois da luta livre/palestra para os pais, eu soube que a escola vinha enfrentando um problema de vigilância – pais que passavam o dia todo nas salas de aula e interferiam no ensino e no manejo das turmas. Sem me contarem isso, a diretora e a presidenta da APM haviam pedido aos pais que assistissem à minha palestra. Tinham dito a eles que eu iria lá para lhes explicar por que era preciso que parassem com aquela vigilância. Em outras palavras, fui colocada no papel da atiradora de aluguel contratada para acabar com a interferência parental. Péssimo. Posso não ser fã de interferência nas salas de aula, mas também não sou uma mercenária que ataca os pais. O irônico é que eu não fazia ideia de que isso vinha constituindo um problema, de modo que nem sequer toquei no assunto.*

Com essa história em mente, examinemos mais de perto cada um dos conceitos da Vida Plena e como eles funcionam juntos.

## *Coragem*

A coragem é um grande tema na minha vida. Pareço estar sempre rezando para ter alguma, ou me sentindo grata por ter conseguido um pouquinho, ou apreciando-a em outras pessoas, ou estudando-a. Mas acho que isso não me torna uma pessoa única. Todos querem ser corajosos.

Depois de entrevistar algumas pessoas sobre as verdades de sua vida – seus pontos fortes e fracos –, percebi que a coragem é uma das qualidades mais importantes que aqueles que vivem plenamente têm em comum. E não se trata de um tipo qualquer de coragem: descobri que a Vida Plena requer uma *coragem comum*. Vejamos o que quero dizer.

A raiz da palavra coragem é *cor* – o termo latino que significa *coração*. Em uma de suas formas mais primitivas, a palavra *coragem* tinha uma definição muito diferente da que tem hoje. Originalmente, significava "falar sem papas na língua, abrindo o coração". Com o tempo, essa definição mudou e, hoje em dia, coragem tem mais a ver com heroísmo. O heroísmo é importante e decerto precisamos de heróis, mas acho que perdemos de vista a ideia de que falar com franqueza e abertamente sobre quem somos, o que sentimos e nossas experiências (boas e más) é a definição de coragem. Muitas vezes, heroísmo é colocarmos nossa vida em risco. A coragem comum é colocarmos nossa *vulnerabilidade* em risco. No mundo de hoje, isso é realmente extraordinário.[3]

Se prestarmos atenção, veremos a coragem todos os dias. Nós a vemos quando as pessoas buscam ajuda, como fiz com minha irmã Ashley. Vejo-a na sala de aula quando uma aluna levanta a mão e diz "Estou completamente perdida. Não tenho ideia do que você está falando". Você sabe como é incrivelmente corajoso dizer "Não entendi" quando se tem quase certeza de que todas as pessoas à sua volta entenderam? É claro que, em meus mais de doze anos lecionando, sei que, quando uma pessoa encontra coragem para dizer "Não estou entendendo", deve haver pelo menos mais dez alunos exatamente na mesma situação. Eles podem não se arriscar, mas com certeza se beneficiam da coragem da pessoa que se arrisca.

Vi a coragem em minha filha, Ellen, quando ela me ligou de uma festa do pijama, às dez e meia da noite, e pediu:

– Mamãe, você pode vir me buscar?

Quando a peguei, ela entrou no carro e disse:

– Desculpa, mãe. É que eu não tive coragem. Fiquei com saudade de casa. Foi muito difícil. Todo mundo estava dormindo, e tive que ir ao quarto da mãe da Libby e acordá-la.

Parei na entrada da nossa garagem, saltei do carro e dei a volta para sentar no banco traseiro, onde Ellen estava. Afastei-a um pouquinho para o lado, me sentei junto dela e disse:

– Ellen, acho que pedir aquilo de que precisa é uma das coisas mais corajosas que uma pessoa pode fazer na vida. Eu sofri algumas vezes passando a noite na casa de amiguinhos e em festas do pijama porque fiquei com medo de pedir para ir para casa. Estou orgulhosa de você.

Na manhã seguinte, na hora do café, Ellen disse:

– Pensei no que você falou. Posso ser corajosa de novo e pedir outra coisa? – Sorri e ela prosseguiu: – Tenho outra festa do pijama no próximo fim de semana. Você pode me buscar na hora em que todos forem dormir? É que ainda não estou pronta.

Coragem é isso. Do tipo que todos nós poderíamos ter com mais frequência.

Também vejo a coragem em mim quando me disponho a correr o risco de ficar vulnerável e me decepcionar. Durante muitos anos, quando eu queria muito que acontecesse determinada coisa – um convite para discursar em uma conferência especial, uma promoção, uma entrevista no rádio –, eu fingia que aquilo não tinha tanta importância. Quando um amigo ou um colega perguntava "Está animada com essa entrevista na televisão?", eu dava de ombros e respondia: "Não sei. Não é grande coisa." Na realidade, é claro, ficava rezando para que a entrevista acontecesse.

Só recentemente aprendi que desmerecer as expectativas empolgantes não elimina a dor quando elas não se concretizam. Mas diminui, sim, a alegria quando elas se realizam. E também cria muito isolamento. Depois que você minimiza a importância de algo, é pouco provável que seus amigos telefonem para dizer: "Sinto muito que não tenha dado certo. Sei que você estava empolgada com isso."

Agora, quando alguém me pergunta sobre uma potencial oportunidade com a qual estou animada, sou mais propensa a exercer a coragem e dizer: "Estou bastante animada com essa possibilidade. Tenho procurado ser realista, mas tenho muita esperança de que ela se concretize." E, quando as coisas não dão certo, é reconfortante poder ligar para um amigo que me apoia e dizer: "Lembra-se daquele evento sobre o qual falei com você? Não vai acontecer, e estou muito chateada."

Há pouco tempo, vi outro exemplo de coragem comum na escola do meu filho, Charlie. Os pais foram convidados para assistir a uma apresentação musical das crianças. Você já viu esta cena: 25 crianças cantando e mais de cinquenta pais, avós e irmãos na plateia, segurando 39 filmadoras. Os pais levantavam as câmeras bem alto, tirando fotos aleatórias, enquanto disputavam espaço para garantir que os filhos soubessem que eles estavam ali e tinham chegado na hora certa.

Além da comoção da plateia, uma menininha de 3 anos, que era nova na turma, chorou durante toda a apresentação, por não conseguir enxergar a mãe de seu lugar no palco improvisado. Acontece que a mãe tinha ficado presa no trânsito e perdeu a apresentação. Quando chegou, eu estava ajoelhada à porta da sala de aula, me despedindo do Charlie. Estava agachada e vi a mãe da menina irromper porta adentro e começar imediatamente a vasculhar a sala em busca da filha. Quando eu ia me levantando para lhe apontar o fundo da sala, onde uma professora consolava a filha dela, outra mãe passou, encarou a mãe aflita, balançou a cabeça e revirou os olhos.

Levantei, respirei fundo e procurei argumentar com a parte de mim que queria sair atrás daquela mãe que revirou os olhos, que se achava melhor do que as outras, e lhe dar um chute no traseiro por sua pontualidade perfeita. Justamente nessa hora, outras duas mães se aproximaram da mulher já em prantos e sorriram. Uma delas pôs a mão em seu ombro e disse:

– Todas nós já passamos por isso. Eu perdi a última apresentação. E não estava atrasada. Eu tinha me esquecido completamente dela.

Vi que o rosto da mulher se desanuviou e ela enxugou uma lágrima. A segunda mãe olhou-a e disse:

– Meu filho foi o único que não estava de pijama no Dia do Pijama, e até hoje me diz que aquele foi o pior dia da sua vida. Vai ficar tudo bem. Estamos todas no mesmo barco.

Quando a mãe da menina chegou ao fundo da sala, onde a professora ainda consolava sua filha, ela parecia mais calma. Tenho certeza de que isso veio a calhar quando a menina se atirou em seus braços, partindo de uns 2 metros de distância. As mães que pararam e contaram a ela suas histórias de imperfeição e vulnerabilidade puseram em prática a coragem. Reservaram alguns minutos para lhe dizer: "Escute a minha história. Você não está sozinha." Não precisavam ter parado para compartilhar isso; poderiam facilmente ter entrado no desfile dos pais perfeitos e passado direto por essa mãe.

Como essas histórias ilustram, a coragem tem um efeito multiplicador. Toda vez que optamos por ela, tornamos todos à nossa volta um pouco melhores, e o mundo, um pouco mais valente. E não faria mal algum nosso mundo ser um pouco mais gentil e corajoso.

## Compaixão

Enquanto me preparava para escrever meu livro sobre a vergonha, li tudo que achei sobre a compaixão. Acabei encontrando uma sólida combinação entre os relatos que ouvira nas entrevistas e o trabalho da monja budista americana Pema Chödrön. Em seu livro *Os lugares que nos assustam*, Pema escreveu: "Ao praticarmos gerar compaixão, podemos esperar sentir o nosso medo da dor. A prática da compaixão é desafiadora. Ela envolve aprender a relaxar e a permitir nos mover, gentilmente, em direção àquilo que nos assusta."[4]

O que me agrada na definição de Pema é sua franqueza sobre a vulnerabilidade de praticar a compaixão. Se examinarmos de perto a origem da palavra *compaixão*, como fizemos com *coragem*, veremos por que, tipicamente, a compaixão não é nossa primeira reação ao sofrimento. A palavra deriva dos termos em latim *pati* e *cum*, que significam "sofrer junto". Não creio que a compaixão seja nossa resposta-padrão. Penso que nossa primeira reação à dor – nossa ou dos outros – é a autoproteção. Nós nos protegemos buscando alguém ou algo para culpar. Ou, às vezes, nos protegemos recorrendo à crítica ou entrando imediatamente no modo de corrigir o problema.

Pema Chödrön aborda nossa tendência à autoproteção ensinando que devemos ser honestos e lenientes a respeito de quando e como nos fechamos: "Ao cultivarmos a compaixão, usamos a totalidade da nossa experiência – nosso sofrimento, nossa empatia, assim como nossa crueldade e nosso terror. Tem que ser assim. A compaixão não é um relacionamento entre aquele que cura e o ferido. É um relacionamento entre iguais. Somente quando conhecemos bem a nossa própria escuridão podemos estar presentes nas trevas dos outros. A compaixão se torna real quando reconhecemos a humanidade que compartilhamos."⁵

Na minha história, Ashley se dispôs a entrar comigo na minha escuridão. Não se fez presente para me ajudar nem para me endireitar; apenas ficou comigo – como uma igual –, segurando minha mão, enquanto eu fazia a difícil travessia de meus sentimentos.

## *Os limites e a compaixão*

Uma das maiores (e menos discutidas) barreiras à prática da compaixão é o medo de estabelecer limites e responsabilizar pessoas. Sei que isto parece estranho, mas creio que compreender a ligação entre limites, responsabilidade, aceitação e compaixão me tornou uma pessoa mais generosa. Antes do colapso, eu era mais meiga – crítica, ressentida e raivosa por dentro, porém mais meiga por fora. Hoje, creio ser verdadeiramente mais compassiva, menos crítica e ressentida, e muito mais séria quando se trata de fixar limites. Não faço ideia de qual seja a imagem externa dessa combinação, mas por dentro ela é bem potente.

Antes desta pesquisa, eu sabia muito sobre cada um desses conceitos, mas não compreendia como eles se encaixavam. Nas entrevistas que fiz, fiquei pasma ao perceber que muitos dos que se comprometiam realmente com a prática da compaixão eram também as pessoas mais atentas à existência de limites. As pessoas compassivas eram as que estabeleciam limites. Fiquei perplexa.

Eis o que aprendi: o cerne da compaixão é mesmo a aceitação. Quanto mais aceitamos a nós mesmos e os outros, mais compassivos nos tornamos. Bem, é difícil aceitar as pessoas quando elas nos magoam, ou se aproveitam de nós, ou passam por cima da gente. Esta pesquisa me ensinou que, quando queremos realmente praticar a compaixão, temos que começar por estabelecer limites e responsabilizar as pessoas por sua conduta.

Vivemos em uma cultura da culpa – queremos saber quem são os culpados e como eles vão pagar. Em nosso mundo pessoal, social e político, fazemos muito barulho e muitas acusações, mas raramente responsabilizamos alguém. Como poderíamos? Ficamos tão exaustos de esbravejar e vociferar que não nos sobra energia para elaborar consequências sensatas e implementá-las. Da política e da economia até nossas escolas e casas, acredito que essa mentalidade de raiva-culpa-excesso-de-cansaço-e-de--atividade-para-pensar-nas-coisas-até-o-fim é a razão de ficarmos tão cheios de raiva moralista e tão vazios de compaixão.

Não seria melhor se pudéssemos ser mais bondosos, porém mais firmes? Que diferença faria na nossa vida se houvesse menos raiva e mais responsabilidade? Como seria a nossa vida no trabalho e em casa se atribuíssemos menos culpas, porém respeitássemos mais os limites?

Recentemente, fui chamada para conversar com um grupo de líderes empresariais que vinham tentando administrar uma difícil reestruturação da companhia. Um dos gestores do projeto me disse que, depois de me ouvir falar dos perigos de empregar a vergonha como ferramenta administrativa, ficara preocupado com a possibilidade de vir constrangendo os membros de sua equipe. Ele me contou que, quando fica muito frustrado, costuma selecionar algumas pessoas e criticar seu trabalho em reuniões da equipe. E explicou:

– Ando muito frustrado. Tenho dois funcionários que simplesmente não escutam. Explico cada detalhe do projeto, confiro para ter certeza de que eles entenderam e, *mesmo assim*, eles fazem as coisas do seu jeito. Fico sem alternativa. Eu me sinto contra a parede, fico com raiva e ataco os dois na frente dos colegas.

Quando lhe perguntei como fazia para responsabilizar esses dois funcionários por não cumprirem o protocolo do projeto, ele retrucou:

– O que você quer dizer com responsabilizar?

– Depois de verificar para ter certeza de que eles entenderam suas expectativas e os objetivos do projeto, como você esclarece as consequências de eles não seguirem os planos ou não cumprirem os objetivos? – expliquei.

– Não falo das consequências – respondeu. – Os dois sabem que o esperado é que eles cumpram o protocolo.

Dei-lhe um exemplo:

– Certo. O que aconteceria se você lhes dissesse que, da próxima vez que eles descumprirem o protocolo, você registrará isso por escrito, ou lhes dará uma advertência formal, e que, caso o problema persista, eles serão demitidos?

O homem balançou a cabeça e respondeu:

– Não, não, isso é muito sério. Eu teria que envolver o pessoal de recursos humanos. Viraria uma encrenca danada.

Estabelecer limites e responsabilizar as pessoas por seus atos é muito mais trabalhoso do que constranger e culpar. Mas é também muito mais eficaz. Constranger e atribuir culpa sem responsabilização é um veneno para casais, famílias, organizações e comunidades. Para começar, quando constrangemos e culpamos o outro, isso desloca o foco do comportamento original que está sendo questionado para nosso comportamento. Quando o chefe mencionado acaba de constranger e humilhar seus dois funcionários na frente dos colegas, o único comportamento que fica em questão é o dele.

Além disso, quando não levamos adiante as consequências cabíveis, as pessoas aprendem a desconsiderar nossos pedidos – mesmo que eles soem como ameaças ou ultimatos. Se pedirmos a nossos filhos que não deixem suas roupas largadas no chão e eles souberem que a única consequência de não obedecer serão alguns minutos de gritaria, é justo que eles acreditem que, na verdade, isso não é tão importante para nós.

É difícil entender que podemos ser compassivos e receptivos e, ao mesmo tempo, responsabilizar as pessoas por seus comportamentos. Podemos, sim, e na verdade essa é a melhor maneira de agir. Podemos confrontar alguém a respeito de sua conduta, ou demitir um funcionário, ou reprovar um aluno, ou disciplinar uma criança sem repreendê-los nem depreciá-los. O segredo é separar as pessoas de seus comportamentos – abordar o que elas fazem, não o que elas são (falarei mais dessa questão no próximo capítulo). Também é importante vencer o desconforto de combinar compaixão e limites. Temos que evitar a ideia de que detestamos alguém, ou de que essa pessoa merece ficar mal, para nos sentirmos melhor ao responsabilizá-la por seus atos. É aí que surgem os problemas. Quando nos convencemos a antipatizar com alguém para ficarmos mais à vontade ao responsabilizá-lo pelo que faz, nos aparelhamos para um jogo de vergonha e culpa.

Quando não estabelecemos limites nem responsabilizamos as pessoas, nos sentimos usados e destratados. É por isso que, às vezes, atacamos quem elas são, o que machuca muito mais do que apontar uma conduta ou uma escolha. Para nosso próprio bem, precisamos entender que é perigoso, para nossos relacionamentos e nosso bem-estar pessoal, ficarmos atolados na vergonha e na culpa, ou cheios de uma raiva moralista. Também é impossível praticar a compaixão a partir do ressentimento. Para que exerçamos a aceitação e a compaixão, precisamos de limites e da responsabilização.

## *Conexão*

Defino *conexão* ou *sintonia* como a energia que existe entre as pessoas quando elas se sentem vistas, ouvidas e valorizadas; quando podem dar e receber sem críticas; e quando extraem sustentação e força do relacionamento.

Minha irmã Ashley e eu nos sentimos em profunda sintonia depois de nossa experiência. Sei que fui vista, ouvida e valorizada. Apesar de ter sido assustador, consegui pedir apoio e ajuda. E nós duas nos sentimos fortalecidas e realizadas. De fato, passadas umas duas semanas, Ashley me disse: "Nem tenho palavras para expressar como fiquei contente por você ter me ligado naquele dia. Me ajudou muito saber que não sou a única pessoa a fazer aquele tipo de coisa. Também gostei de saber que posso ajudá-la e que você confia em mim." Conexão gera conexão.

Aliás, fomos programados para a conexão. Faz parte da nossa biologia. Desde o momento em que nascemos, precisamos de conexão para prosperar nos planos afetivo, físico, espiritual e intelectual. Dez anos atrás, a ideia de estarmos "programados para a conexão" poderia ser tachada como piegas, ou como alternativa. Hoje sabemos que a necessidade de conexão é mais do que um sentimento ou um palpite. É pura ciência. Neurociência, para sermos exatos.

Em seu livro *Inteligência social: O poder das relações humanas*, Daniel Goleman explora o fato de as descobertas mais recentes da biologia e da neurociência confirmarem que fomos programados para nos conectar e que nossas relações moldam tanto nossa biologia quanto nossas experiências. Ele diz: "Até nossos contatos mais rotineiros agem como reguladores no cérebro, afiando nossas emoções, algumas desejáveis, outras não. Quanto mais forte é nossa ligação afetiva com alguém, maior é a força recíproca."[6] É admirável – embora talvez não surpreendente – que a conexão que experimentamos em nossas relações exerça impacto na maneira como nosso cérebro se desenvolve e funciona.

Nossa necessidade inata de conexão torna muito mais reais e perigosas as consequências da desconexão. Às vezes, apenas *supomos* estar conectados. A tecnologia, por exemplo, tornou-se uma espécie de impostora de vínculos, levando-nos a crer que estamos conectados quando, na verdade, não estamos – pelo menos não do modo que precisamos estar. Em nosso mundo louco por tecnologia, confundimos ser comunicativo com ter vínculos. O simples fato de estarmos conectados na internet não significa que nos sintamos vistos e ouvidos. Na verdade, a hipercomunicação pode significar que passamos mais tempo no Facebook do que em interações presenciais com as pessoas que nos importam. Nem sei dizer quantas vezes entrei em um restaurante e vi um casal falando ao celular enquanto os filhos mandavam mensagens de texto ou jogavam videogame. De que adianta se sentarem juntos?

Ao pensarmos na definição de conexão e em como é fácil confundi-la com a tecnologia, também precisamos pensar em abandonar o mito da autossuficiência. Uma das maiores barreiras à conexão é a importância cultural que atribuímos a "fazer as coisas sozinho". De algum modo, passamos a equiparar sucesso a não precisar de ninguém. Muitos se dispõem a ajudar, mas relutam muito em buscar ajuda quando precisam. É como se dividíssemos as pessoas entre "as que oferecem ajuda" e "as que precisam de ajuda". A verdade é que somos as duas coisas.

Aprendi muito sobre dar e receber com os homens e as mulheres empenhados em viver plenamente, porém nada foi mais importante que isto:

*Enquanto não soubermos receber de coração aberto, nunca saberemos dar, realmente, de todo o coração. Quando vinculamos crítica e julgamento ao ato de receber ajuda, também vinculamos, com ou sem consciência disto, crítica e julgamento ao ato de fornecer ajuda.*

Durante anos valorizei o fato de ser, na minha família, a pessoa que ajudava. Podia ajudar em uma crise, ou emprestar dinheiro, ou oferecer conselhos. Sempre tinha prazer em ajudar, mas nunca ligava para meus irmãos para pedir ajuda, muito menos para buscar apoio nas tempestades de vergonha. Na época, eu negaria com veemência que vinculasse alguma crítica ou julgamento a minhas doações generosas. Mas hoje compreendo que eu obtinha valorização do fato de nunca precisar de ajuda e sempre oferecê-la.

Durante o colapso, precisei de ajuda. Precisei de apoio, de uma mão amiga e de conselhos. Graças a Deus! Buscar tudo isso em meu irmão e minhas irmãs, todos mais novos que eu, mudou por completo a dinâmica da nossa família. Conquistei permissão para desmoronar e ser imperfeita, e eles puderam compartilhar comigo sua força e sua incrível sabedoria. Se conexão é a energia que cresce entre as pessoas, precisamos lembrar que essa energia deve circular nos dois sentidos.

A jornada da Vida Plena não é o caminho mais fácil. É um caminho de conscientização e escolha. E, para ser franca, é meio contracultura. A disposição de contarmos nossa história, sentirmos a dor dos outros e permanecermos genuinamente conectados neste mundo desconectado não é algo que consigamos fazer se não tivermos entusiasmo.

Praticar a coragem, a compaixão e a conexão é olhar para a vida e as pessoas à nossa volta e dizer: "Estou nessa. Totalmente."

# DOIS

## *Explorando o poder do amor, do pertencimento e da suficiência*

> *O amor é a coisa mais importante em nossa vida, uma paixão pela qual estamos dispostos a lutar ou morrer, e, no entanto, relutamos em parar para considerar seus nomes. Sem um vocabulário flexível, não podemos sequer falar dele ou pensar nele diretamente.*
>
> – Diane Ackerman

O amor e a sensação de pertencimento são essenciais para a experiência humana. Ao conduzir minhas entrevistas, percebi que apenas *uma coisa* separava os homens e mulheres dotados de um profundo sentimento de amor e pertencimento daqueles que parecem batalhar para ter os dois. Essa coisa é a convicção de seu valor pessoal. É simples e complicado assim: se quisermos experimentar plenamente o amor e a sensação de pertencimento, teremos de acreditar que somos *dignos* de amor e de pertencimento.

Quando somos capazes de deixar de lado o que os outros pensam e assumir nossa história, ganhamos acesso ao nosso valor pessoal – o sentimento de que somos suficientes do jeito que somos e merecemos amor e a sensação de pertencimento. Quando passamos o tempo todo tentando nos distanciar dos aspectos da nossa vida que não combinam com o que supostamente deveríamos ser, ficamos do lado de fora da nossa história, batalhando pela nossa valorização, na constante tentativa de ser eficientes, perfeitos, de agradar e provar nosso mérito. Nosso senso de valor pessoal e de dignidade – essa coisa crucial que nos dá acesso ao amor e à sensação de pertencimento – vive dentro da nossa história.

O grande desafio, para a maioria de nós, é acreditar que temos valor *agora*, neste exato momento. A convicção de valor pessoal não tem pré-requisitos. Muitos de nós criamos, conscientemente, ou aceitamos/recebemos, inconscientemente, uma longa lista de pré-requisitos para que tenhamos valor:

- Terei valor quando perder 10 quilos.
- Terei valor se conseguir engravidar.
- Terei valor se ficar/permanecer sóbrio(a).
- Terei valor se todos acharem que sou um bom pai/uma boa mãe.
- Terei valor quando puder viver da minha arte.
- Terei valor se conseguir manter meu casamento.
- Terei valor quando for promovido(a) a um cargo na diretoria.
- Terei valor quando meus pais finalmente me aprovarem.
- Terei valor se ele ligar de volta e me convidar para sair.
- Terei valor quando conseguir fazer tudo sem parecer que me esforcei.

Mas o que está realmente no *coração* da Vida Plena é isto: Tenho valor agora. Não "se". Não "quando". Somos dignos de amor e inclusão *agora*. Neste minuto. Do jeito que somos.

Além de nos livrarmos dos "ses" e dos "quandos", outro ponto crucial em assumirmos nossa história e reivindicarmos nossa valorização é cultivarmos uma compreensão melhor do amor e da sensação de pertencimento. O estranho é que, apesar de precisarmos desesperadamente dos dois, é raro falarmos do que eles realmente são e de como funcionam. Vamos analisar isso.

## *Definindo amor e pertencimento*

Passei anos evitando usar a palavra *amor* em minhas pesquisas, por não saber como defini-la e não ter certeza de que "ora, *amor*, você sabe o que é" funcionaria como definição. Eu também não podia usar citações nem letras de músicas, ainda que elas muito me inspirem e me pareçam verdadeiras. Mas esse não é o protocolo que sigo quando estou atuando como pesquisadora.

Por mais que precisemos de amor e o desejemos, quase não falamos do que ele significa. Pense bem. Você pode dizer "eu te amo" todos os dias, mas quando foi a última vez que teve uma conversa séria com alguém sobre o significado do amor? Dessa forma, o amor fica sendo a imagem espelhada da vergonha. Queremos desesperadamente não vivenciar a vergonha e nem sequer falar sobre ela. Mas a única forma de solucionar a vergonha é falar sobre ela. Talvez tenhamos medo de temas como amor e vergonha. A maioria de nós gosta de segurança, certeza e clareza. A vergonha e o amor se baseiam na vulnerabilidade e na fragilidade.

O pertencimento é outro tema essencial à experiência humana, mas também raramente discutido.

A maioria de nós usa as expressões *adequar-se* e *adaptar-se* ao falar de *pertencimento*. Como inúmeras pessoas, sou muito boa quando se trata de me adequar. Sabemos exatamente como batalhar por aprovação e aceitação. Sabemos o que vestir, o que falar, o que não falar, como deixar os outros contentes – sabemos como passar o dia portando-nos como camaleões.

Uma das maiores surpresas desta pesquisa foi aprender que *adequação* e *pertencimento* não estão necessariamente ligados e que, na verdade, a adequação atrapalha a sensação de pertencimento. A adequação consiste em avaliarmos uma situação e nos tornarmos quem precisamos ser para obter aceitação. O pertencimento, por outro lado, não exige que *modifiquemos* quem somos; exige que *sejamos* quem somos.

Antes de compartilhar minhas definições com você, quero destacar três questões que me disponho a chamar de verdades.

**Amor e pertencimento são sempre incertos**. Embora o vínculo e o relacionamento sejam os componentes mais cruciais da vida, simplesmente *não podemos* medi-los com precisão. Os conceitos relacionais não são traduzidos em perguntas de múltipla escolha. As relações e os vínculos são formados em um espaço indefinível entre as pessoas, um espaço que nunca será totalmente conhecido ou compreendido por nós. Todos os que se arriscam a explicar o amor e o pertencimento, espera-se, fazem o melhor que podem para responder a uma pergunta irrespondível. Inclusive eu.

**O amor faz parte da sensação de pertencimento**. Uma das revelações mais surpreendentes em minha pesquisa foi o emparelhamento de certos termos. Não posso separar os conceitos de amor e pertencimento porque, quando as pessoas falavam de um, sempre mencionavam o outro. O mesmo se aplica aos conceitos de alegria e gratidão, sobre os quais falarei em um capítulo posterior. Quando as emoções e as experiências se emaranham nas histórias das pessoas de tal forma que elas não falam de umas sem citar as outras, não se trata de um emaranhado acidental: é um enlace intencional. O amor faz parte do pertencimento.

Disso eu tenho certeza. Depois de reunir milhares de histórias, estou pronta para afirmar este fato: **o sentimento profundo de amor e pertencimento é uma necessidade irredutível de todas as mulheres, homens e crianças**. Biológica, cognitiva, física e espiritualmente, todos nós fomos programados para amar, ser amados e fazer parte de algo. Quando essas necessidades não são atendidas, não funcionamos como deveríamos. Entramos em colapso. Desmoronamos. Ficamos entorpecidos. Sofremos. Ferimos os outros. Adoecemos. Certamente existem outras causas para as doenças, o entorpecimento e a mágoa, mas a ausência de amor e pertencimento sempre conduz ao sofrimento.

Levei três anos para extrair estes conceitos e definições de uma década de entrevistas. Vejamos:

**Amor:**
*Cultivamos o amor quando permitimos que nosso eu mais vulnerável e poderoso seja totalmente visto e conhecido, e quando honramos o vínculo espiritual que brota desse presente com confiança, respeito, bondade e afeição.*

*Amor não é algo que damos ou recebemos. É algo que nutrimos e cultivamos, uma conexão que só pode ser formada entre duas pessoas quando existe no íntimo de cada uma delas – só conseguimos amar o outro na medida em que amamos a nós mesmos.*

*Vergonha, culpa, desrespeito, traição e negação do afeto causam danos às raízes das quais brota o amor. O amor só consegue sobreviver a essas feridas se elas forem reconhecidas, curadas e raras.*

**Pertencimento:**
*Pertencimento é o desejo humano inato de fazer parte de algo maior do que nós. Como esse anseio é muito primitivo, é comum tentarmos satisfazê-lo adequando-nos ou buscando aprovação, o que não só é uma tentativa fútil de substituí-lo como também constitui, muitas vezes, uma barreira à sua satisfação. Como a verdadeira sensação de pertencimento só acontece quando apresentamos ao mundo o nosso eu autêntico e imperfeito, não há como ela ser maior do que nosso nível de autoaceitação.*

Uma das razões pelas quais levei tanto tempo para desenvolver esses conceitos é que, muitas vezes, não quero que sejam verdadeiros. Seria diferente se eu estudasse o efeito do cocô de passarinho no solo argiloso, mas meu objeto de estudo é pessoal e, com frequência, doloroso. Às vezes, quando me voltava para os dados a fim de elaborar definições, eu chorava. Não queria que meu nível de amor-próprio definisse até que ponto eu poderia amar meus filhos ou meu marido. Por quê? Porque amá-los e aceitar suas imperfeições é muito mais fácil do que voltar esse foco de amor-bondade para mim.

Se você examinar a definição de amor e pensar no que ela significa em termos de amor-próprio, verá que ela é muito específica. Praticar o amor-próprio significa aprendermos a confiar em nós mesmos, a nos tratar com respeito e a sermos gentis e afetuosos com nós mesmos. É uma tarefa difícil, considerando quão dura a maioria de nós é consigo mesma. Sei que sou capaz de falar comigo de maneiras como jamais consideraria me dirigir a outra pessoa. Quantos de nós somos rápidos em pensar "Nossa, como sou burro", ou "Caramba, será que sou tão idiota assim?". Do mesmo modo que chamar alguém que amamos de burro ou idiota seria incongruente com a prática do amor, falarmos conosco dessa maneira abala seriamente o nosso amor-próprio.

Vale a pena notar que uso as palavras *inato* e *primitivo* na definição de pertencimento. Estou convencida de que o pertencimento está no nosso DNA, ligado, muito provavelmente, ao nosso mais primitivo instinto de sobrevivência. Dada a grande dificuldade de cultivar a autoaceitação em nossa sociedade perfeccionista, e considerando quão profundamente arraigada é a nossa necessidade de fazer parte de algo, não é de admirar que passemos a vida tentando nos enquadrar e obter aprovação.

É muito mais fácil dizer "Serei quem ou o que você precisar que eu seja, desde que eu me sinta parte disto". Desde entrar em gangues até fofocar, fazemos o que for necessário para nos enquadrarmos, se acreditarmos que isso satisfará nossa necessidade de pertencimento. Mas não satisfaz. Só conseguimos sentir que somos parte de algo quando mostramos nosso eu mais autêntico e somos aceitos pelo que somos.

## *Praticando o amor e o pertencimento*

> *Pensar sempre no amor como um ato, e não como um sentimento, é um dos modos pelos quais quem usa a palavra desta maneira automaticamente assume que tem a obrigação e a responsabilidade de prestar contas.*
>
> – bell hooks[7]

Embora eu tenha sentido angústia, em minha vida pessoal e profissional, diante das definições de amor e pertencimento, devo admitir que elas mudaram fundamentalmente minha maneira de viver e criar meus filhos. Quando estou cansada ou tensa, posso ser mesquinha e acusadora, sobretudo com meu marido, Steve. Se amo o Steve de verdade (e, caramba, eu o amo muito), meu comportamento no dia a dia é tão importante quanto dizer "Eu te amo", se não mais. Quando não praticamos o amor com as pessoas que dizemos amar, perdemos muito. Viver de modo incoerente é exaustivo.

Isso também me forçou a pensar nas importantes diferenças entre *declarar* amor e *praticar* amor. Durante uma entrevista no rádio sobre o surto de infidelidade entre as celebridades, o entrevistador me perguntou: "É possível amar alguém e trair ou tratar mal essa pessoa?"

Pensei por um bom tempo antes de dar a melhor resposta que pude, com base no meu trabalho: "Não sei se é possível amar alguém e trair ou ser cruel com essa pessoa, mas sei que, quando traímos ou somos cruéis com alguém, não estamos praticando o amor. E, de minha parte, não quero apenas alguém que diga me amar. Quero alguém que pratique esse amor por mim todos os dias."

Além de me ajudarem a compreender como é o amor entre as pessoas, essas definições também me forçaram a reconhecer que cultivar o amor-próprio e a autoaceitação não é uma tarefa opcional. Não se trata de esforços a que eu possa escolher dar atenção se e quando tiver um tempo livre. São prioridades.

### *Podemos amar os outros mais do que a nós mesmos?*

A ideia de amor-próprio e autoaceitação foi e continua a ser revolucionária para mim. Por isso, no começo de 2009, perguntei aos leitores do meu blog o que eles achavam da importância do amor-próprio e da ideia de que não podemos amar os outros mais do que a nós mesmos. Bem, houve um debate bastante acalorado na seção de comentários.

Diversos leitores discordaram apaixonadamente da ideia do amor-próprio como pré-requisito para amar outras pessoas. Outros argumentaram que, na verdade, amando os outros podemos aprender a nos amar mais. Alguns leitores apenas deixaram comentários do tipo "Obrigado por estragar meu dia – não quero pensar nisso".

Houve dois comentários que trataram muito diretamente da complexidade dessas ideias e que eu gostaria de compartilhar com você. Justin Valentin, profissional de saúde mental, escritor e fotógrafo, disse:

Através de minhas filhas, aprendi a amar de modo realmente incondicional, a ser compassivo em momentos em que me sentia péssimo e a ser muito mais generoso. Quando olho para a filha que se parece tanto comigo, consigo me ver como uma menina. Isso me lembra de ser mais bondoso com a menina que vive dentro de mim e de amá-la e aceitá-la como minha. É o amor por minhas filhas que me faz querer ser uma pessoa melhor e me esforçar por amar e aceitar a mim mesmo. Entretanto, dito isto, continua a ser muito mais fácil amar minhas filhas...

Talvez faça mais sentido pensar assim: muitas de minhas pacientes são mães que lutam contra o vício em drogas. Amam os filhos mais do que a si mesmas. Destroem a própria vida, detestam-se e, não raro, causam danos irreparáveis à própria saúde. Dizem que se odeiam, mas que amam seus filhos. Acreditam que os filhos são dignos de amor, mas se acham indignas de ser amadas. À primeira vista, diríamos, sim, algumas delas amam os filhos mais do que a si mesmas. Contudo, será que amar os filhos significa não envenená-los intencionalmente, do modo como a mãe envenena a si mesma? Talvez nossos problemas se assemelhem ao fumo passivo. Antigamente, achávamos que ele não era muito perigoso e que, ao fumar, *só prejudicávamos a nós mesmos*. Anos depois, no entanto, descobrimos que o fumo passivo pode ser realmente fatal.[8]

Renae Cobb, terapeuta em formação durante o dia e escritora e blogueira ocasional à noite, escreveu:

Com certeza as pessoas que amamos nos inspiram ápices de amor e compaixão que talvez nunca alcançássemos de outra maneira. No entanto, para realmente chegar a esses níveis, é comum termos que descer às profundezas do nosso ser, à luz/sombra, ao bem/mal, ao amoroso/destrutivo, para resolvermos nossas próprias questões e podermos amar melhor. Por isso acho que não são coisas excludentes, e sim complementares. Amamos ardentemente os outros, talvez mais do que pensamos amar a nós mesmos, porém esse amor arrebatado deve nos conduzir às profundezas do nosso eu para que possamos aprender a ser compassivos com nós mesmos.[9]

Concordo com Justin e Renae. Amar e aceitar a nós mesmos são os atos supremos de coragem. Em uma sociedade que diz "pense em si mesmo por último", amor-próprio e autoaceitação são quase revolucionários.

Se quisermos participar dessa revolução, teremos que compreender a anatomia do amor e do pertencimento. Precisamos compreender quando e por que batalhamos por nossa valorização pessoal em vez de reivindicá-la. E temos que compreender *as coisas que atrapalham*. Deparamos com obstáculos em toda jornada que fazemos, e a jornada da Vida Plena não é diferente. No próximo capítulo, exploraremos o que descobri serem as maiores barreiras a viver e amar de todo o coração.

# TRÊS

## *As coisas que atrapalham*

Em 2008, fui convidada para dar uma palestra em um evento bastante especial chamado The UP Experience. Como gosto demais do casal que promovia o evento, aceitei o convite, entusiasmada, sem pensar muito.

Bem, sabe quando algumas coisas parecem ótimas enquanto estamos a distância e não conhecemos os detalhes? Esse evento foi um desses casos.

Aceitei o convite no final de 2008 e não pensei mais no assunto até 2009, quando a lista de palestrantes foi publicada no site do The UP Experience. Basta dizer que a lista incluía pessoas de extraordinário prestígio. E eu. Foi anunciado que haveria "dezesseis dos mais empolgantes pensadores e oradores do mundo. Um dia para alargar os horizontes da mente!".

Fiquei apavorada. Não podia me imaginar dividindo o palco com Robert Ballard (o oceanógrafo-arqueólogo que localizou o *Titanic*), Gavin Newsom (prefeito de São Francisco), Neil deGrasse Tyson (o astrofísico que apresenta o programa de televisão *NOVA ScienceNow* e dirige o planetário Hayden) e David Plouffe (o gênio por trás da campanha presidencial de Barack Obama). E esses eram apenas quatro dos outros quinze que havia além de mim.

Além de tentar controlar minha sensação de ser uma completa impostora, fiquei aterrorizada com o formato. O evento fora calcado no modelo de palestras TED e cada orador teria apenas vinte minutos para expor suas ideias mais inovadoras a uma plateia chamada de "grupo C", predominantemente composta por CEOs, CFOs, COOs e CIOs, que pagariam mil dólares cada um para participar de um dia inteiro de evento.

Segundos depois de ver a lista de palestrantes, liguei para minha amiga Jen Lemen e li os nomes para ela. Depois do último, respirei fundo e disse:

– Não estou me sentindo muito segura com isso.

Embora estivéssemos ao telefone, a milhares de quilômetros de distância, pude vê-la balançar a cabeça.

– Não fique se comparando, Brené.

– Como assim? – perguntei, já alarmada.

– Eu te conheço – disse Jen. – Você já está pensando em como fazer sua palestra de vinte minutos toda complicada e "cheia de dados de pesquisas".

Continuei sem entender.

– Bem, sim – retruquei. – É claro que vou caprichar nas pesquisas. Você viu a lista de palestrantes? Eles são... são... adultos.

– Você precisa comprovar sua idade? – perguntou Jen, dando uma risada.

Silêncio sepulcral do meu lado.

– É o seguinte: você é pesquisadora, mas seu melhor trabalho não vem da cabeça. Vem de você falar com o coração – explicou ela. – Você vai se sair bem se fizer o que faz melhor: contar histórias. Seja autêntica. Seja franca.

Desliguei, revirei os olhos e pensei: *Contar histórias. Você só pode estar brincando. Talvez eu também possa fazer um teatrinho de marionetes.*

Normalmente, levo um ou dois dias para elaborar uma palestra. Nunca falo lendo anotações, mas costumo preparar uma apresentação visual e ter uma ideia do que quero dizer. Dessa vez não. Um teatro de marionetes teria sido mais fácil. Passei semanas paralisada por causa dessa apresentação. Nada funcionava.

Uma noite, cerca de quinze dias antes do evento, Steve me perguntou:
– Como vai indo sua palestra para o UP?
Desatei a chorar.
– Não está indo. Não fiz droga nenhuma. Não vou poder ir. Vou ter que inventar um acidente de carro ou algo desse tipo.
Steve sentou-se ao meu lado e pegou minha mão.
– O que está acontecendo? Você não é assim. Nunca a vi se acabar desse jeito por causa de uma palestra. Você vive fazendo essas coisas.
Enterrei a cabeça nas mãos e murmurei:
– Estou com um bloqueio. Não consigo parar de pensar em uma experiência horrível que aconteceu há alguns anos.
– Que experiência? – perguntou ele, parecendo surpreso.
– Nunca lhe contei isso – expliquei.
Ele chegou mais perto e esperou.
– Há cinco anos, quebrei a cara em uma palestra de um jeito que nunca aconteceu antes nem depois. Foi um desastre total, e estou com muito medo de que isso aconteça de novo.
Steve não conseguia acreditar que eu nunca tivesse lhe falado da minha experiência desastrosa.
– Que diabo aconteceu? Por que você não me contou?
Levantei da mesa e disse:
– Não quero falar desse assunto. Só vai piorar as coisas.
Ele segurou minha mão, me puxou de volta para a mesa e me olhou como quem dissesse "Esperei a vida inteira para usar sua frase contra você".
– Nós não precisamos falar das coisas difíceis? Falar não melhora tudo, sempre?
Eu estava cansada demais para brigar, por isso lhe contei a história.
Cinco anos antes, quando saiu meu primeiro livro, fui chamada para fazer uma palestra em um almoço de networking para mulheres. Fiquei muito animada porque, como na UP Experience, eu falaria para um grupo de pessoas "normais", não terapeutas nem acadêmicos, apenas pessoas

normais do mundo dos negócios. Na verdade, aquele seria meu primeiro evento com uma plateia normal.

Cheguei cedo ao elegante country club onde o evento seria realizado e me apresentei à pessoa responsável. Depois de me avaliar pelo que me pareceu uma eternidade, ela me cumprimentou com uma série de frases curtas.

– Olá. Você não tem jeito de pesquisadora. Vou apresentá-la. Preciso dos seus dados biográficos.

Foi uma distorção e tanto do "prazer em conhecê-la", mas tudo bem. Entreguei-lhe meu resumo biográfico e foi o começo do fim.

Ela o leu por uns trinta segundos até soltar um arquejo, me devolver o papel e, olhando por cima dos óculos de leitura, disparar:

– Aqui diz que você é pesquisadora da vergonha. É isso mesmo?

De repente, me senti uma menina de 10 anos na sala da diretora. Baixei a cabeça e sussurrei:

– Sim, senhora. Eu pesquiso a vergonha.

Comprimindo os lábios, ela disparou outra pergunta:

– Você. Estuda. Mais. Alguma. Coisa?

Não consegui responder.

– *Estuda?* – insistiu a mulher.

– Sim. Também estudo o medo e a vulnerabilidade.

Ela deu um suspinho, uma mistura de suspiro com guincho, e comentou:

– Me disseram que você fazia pesquisas sobre como ser mais alegre, criar mais conexões e dar mais sentido à vida.

*Ah... entendi. Ela não sabe nada a meu respeito. Deve ter ouvido falar de mim por alguém que não mencionou a natureza do meu trabalho. Agora tudo faz sentido.*

Tentei explicar:

– Na verdade, eu não estudo "como" ser feliz e encontrar mais sentido na vida. Conheço bem esses temas porque estudo as coisas que atrapalham a alegria, o sentido e as conexões.

Sem sequer me responder, ela saiu da sala e me deixou parada ali.

Que ironia! Uma pesquisadora da vergonha mergulhada em uma poça de "não sou boa o bastante".

A mulher voltou minutos depois, focou o olhar acima da minha cabeça e disse:

– Vamos fazer assim. Número 1: você não vai falar das coisas que atrapalham. Vai falar só da parte de como fazer. É isso que as pessoas querem ouvir. Elas querem o passo a passo de como fazer. Número 2: não mencione a palavra *vergonha*. As pessoas estarão almoçando. Número 3: as pessoas querem se sentir alegres e descontraídas. É só isso. Mantenha a palestra alegre e descontraída.

Fiquei parada ali, totalmente em choque. Após alguns segundos em silêncio, ela perguntou:

– Certo? – E, antes que eu pudesse dizer qualquer coisa, respondeu por mim: – Ótimo.

Quando começava a se afastar, virou-se para trás e disse:

– Leve e despreocupada. As pessoas gostam de coisas leves e despreocupadas.

E, só para garantir que eu entendesse, abriu bem os dedos e fez gestos largos com as mãos, para ilustrar "leve" e "despreocupada".

Durante quarenta minutos, fiquei diante daquele grupo, totalmente paralisada, repetindo diferentes versões de "Alegria é bom. Felicidade é muito, muito bom. Todos devemos ser alegres. E ter um propósito. Porque tudo isso é muito bom."

As mulheres da plateia apenas sorriam, concordavam com a cabeça e comiam seu frango. Foi um perfeito desastre.

Quando terminei de contar essa história, o rosto do Steve estava todo franzido e ele balançava a cabeça. Steve não é grande fã de discursos em público, por isso achei que estava procurando controlar o próprio nervosismo enquanto ouvia a história do meu desastre.

Mas, por mais estranho que pareça, contar a história me deixou menos ansiosa. Na verdade, no instante em que terminei de contá-la, já me sentia diferente. Por fim, entendi. Meu trabalho – eu e a década que passei pesquisando – é todo sobre as "coisas que atrapalham". Não falo de "como fazer" porque, em dez anos, nunca vi provas de que isso funcione sem que se fale das coisas que atrapalham.

Dominar essa história me permitiu, de uma forma muito potente, afirmar quem eu sou como pesquisadora e estabelecer minha voz. Olhei para o Steve e sorri:

– O "como fazer" não é a minha praia.

Pela primeira vez em cinco anos, percebi que a mulher do country club não tentara me agredir nem sabotar minha palestra. Se fosse esse o caso, seus parâmetros ridículos não teriam sido tão devastadores para mim. Sua lista foi sintomática dos nossos medos culturais. Não queremos nos sentir mal. Queremos uma lista rápida e simples de "como fazer" para ser felizes.

Eu não me encaixo nisso. Nunca me encaixei. Não me entenda mal, eu adoraria pular a parte difícil, mas simplesmente não funciona. Nós não mudamos, não crescemos e não vamos para a frente sem esforço. Se realmente queremos levar uma vida alegre, significativa e cheia de conexões, *temos* que conversar sobre as coisas que atrapalham.

Enquanto não assumi nem contei essa história, deixei que a falta de "dicas rápidas" e "cinco passos simples" interferisse em meu valor profissional. Agora que a assumi, vejo que minha compreensão da escuridão dá contexto e significado à minha busca da luz.

Fico feliz em dizer que minha palestra no The UP Experience correu muito bem. Na verdade, essa história "leve e descontraída" constituiu minha palestra. Foi arriscado, mas imaginei que até aqueles profissionais do "grupo dos C" deviam batalhar com a questão da valorização pessoal. Duas semanas depois do evento, recebi uma ligação da organizadora. Ela disse: "Parabéns! Recebi as avaliações e a sua palestra terminou entre as duas melhores do dia, e, dada a sua área de estudo, você era a zebra."

Eis o resumo da ópera:

*Se quisermos viver e amar de todo o coração, e se quisermos nos relacionar com o mundo a partir de uma perspectiva de afirmação do nosso valor pessoal, teremos que falar das coisas que atrapalham – em especial a vergonha, o medo e a vulnerabilidade.*

Nos círculos junguianos, a vergonha com frequência é chamada de pântano da alma. Não estou sugerindo que devamos chafurdar no pântano e montar acampamento nele. Já fiz isso e posso lhe dizer que o pântano da alma é um lugar importante para se visitar, mas *não* para morar.

O que proponho é que aprendamos a atravessar o pântano. Precisamos entender que ficar na margem tecendo fantasias com as catástrofes que podem acontecer se falarmos sinceramente de nossos medos é mais doloroso, na verdade, do que segurar a mão de um parceiro de confiança e atravessar o pântano. E, o que é de suma importância, precisamos aprender por que, muitas vezes, tentar firmar o pé na margem instável enquanto olhamos para o outro lado do pântano – onde nossa valorização nos espera – é muito mais difícil do que meter os pés no lodo para fazer a travessia.

O "como fazer" é um atalho sedutor, e eu entendo. Por que cruzar o pântano se você pode simplesmente contorná-lo?

Mas eis o dilema: por que o "como fazer" é tão atraente quando, na verdade, já sabemos como fazer, já sabemos o caminho, apesar de continuarmos parados no mesmo lugar, ansiando por mais alegria, conexão e sentido?

A maioria das pessoas que leem este livro sabe se alimentar de forma saudável. Sou capaz de lhe dizer o número de pontos dos Vigilantes do Peso para cada alimento do supermercado. Sei recitar a lista de compras da Fase 1 da dieta de South Beach e o índice glicêmico de cada item de cor. Todos sabemos como ter uma alimentação saudável.

Também sabemos fazer boas escolhas com nosso dinheiro. Sabemos como cuidar de nossas necessidades afetivas. Sabemos tudo isso, mas...

*Somos a população mais obesa, medicada, viciada e endividada DA HISTÓRIA DOS ESTADOS UNIDOS.*

Por quê? Temos mais acesso à informação, mais livros e mais ciência avançada – então por que sofremos tanto?

Porque não falamos das coisas que nos atrapalham e nos impedem de fazer o que sabemos ser o melhor para nós, nossos filhos, nossas famílias, nossas organizações e nossa comunidade.

Posso saber tudo o que há para se saber sobre alimentação saudável, mas, se for um daqueles dias em que a Ellen está penando para fazer um trabalho da escola, o Charlie está doente, eu estou tentando cumprir o prazo de entrega de um texto, o Departamento de Segurança Nacional elevou o nível de ameaça terrorista, nossa grama está morrendo, minha calça jeans não entra, a economia está afundando, a internet caiu e acabaram os saquinhos para recolher o cocô do cachorro... Pode esquecer! Tudo o que eu quero é expulsar a ansiedade com um bolo de cenoura, um saco de batatas fritas e uma barra de chocolate.

Não falamos daquilo que nos faz continuar a comer até passar mal, trabalhar além do que é humanamente possível, ficar desesperados para nos entorpecermos e aliviar a tensão e nos sentirmos tão ansiosos e inseguros que não conseguimos fazer o que *sabemos* ser melhor para nós. Não falamos da luta pela valorização, que se tornou parte tão integrante da nossa vida que nem percebemos estar lutando quase o tempo todo.

Quando tenho um desses dias que descrevi, um pouco da ansiedade que sinto é apenas parte da vida, mas há dias em que quase toda ela vem das expectativas que eu mesma criei. Quero que o projeto escolar da Ellen seja fantástico. Quero cuidar do Charlie sem me preocupar com meus prazos. Quero mostrar ao mundo como dou conta de família e carreira. Quero que nosso jardim fique lindo. Quero que as pessoas nos vejam recolhendo o cocô do cachorro em sacos biodegradáveis e pensem *Nossa! Que cidadãos incríveis!*. Há dias em que consigo combater a ânsia de ser tudo para todos e dias em que isso me derruba.

Como afirmamos no capítulo anterior, quando não acreditamos em nosso valor, passamos a batalhar por ele. A luta pela valorização tem sua trilha sonora: é a cacofonia de vozes maldosas e monstrinhos da vergonha – aquelas mensagens que alimentam a sensação de nunca sermos bons o bastante:

- "O que os outros vão pensar?"
- "Você ainda não pode gostar *realmente* de você. Não é _____ o bastante (bonito/a, magro/a, bem-sucedido/a, rico/a, talentoso/a, feliz, inteligente, feminina, masculino, produtivo/a, agradável, forte, firme, carinhoso/a, popular, criativo/a, benquisto/a, admirado/a, útil)."
- "Ninguém pode ficar sabendo de _____."
- "Vou fingir que está tudo bem."
- "Sou capaz de mudar para me adaptar, se tiver que fazer isso!"
- "Quem você pensa que é, para expor ao mundo seus pensamentos/ideias/arte/convicções/escritos?"
- "Cuidar dos outros é mais importante do que cuidar de mim."

Vergonha é aquela sensação quente que nos invade, tornando-nos pequenos, falhos e insuficientes. Se quisermos desenvolver resiliência em relação à vergonha – a capacidade de reconhecê-la e superá-la enquanto mantemos nosso valor e nossa autenticidade –, teremos de abordar por que a vergonha acontece.

Conversas francas sobre a vergonha podem mudar nossa maneira de viver, amar, criar os filhos, trabalhar e construir relacionamentos. Tenho mais de mil cartas e e-mails de leitores de *Eu achava que isso só acontecia comigo*, meu livro sobre como combater a cultura da vergonha, e todos dizem a mesma coisa: "É incrível como conversar sobre a vergonha mudou minha vida!" (E, juro, mesmo que você esteja comendo enquanto conversa sobre ela, vai se sentir bem.)

### *Resiliência à vergonha: introdução*
Estas são as três primeiras coisas que você precisa saber sobre a vergonha:

1. Todos a sentimos. A vergonha é universal, além de ser um dos sentimentos mais primitivos que experimentamos. As únicas pessoas que não se envergonham são as que não têm capacidade de sentir empatia e de estabelecer vínculos humanos.
2. Todos temos medo de falar da vergonha.
3. Quanto menos falamos da vergonha, maior é o controle que ela exerce sobre nossa vida.

Vergonha é, basicamente, o medo de não sermos dignos de amor, que é o extremo oposto de assumirmos nossa história e nos sentirmos dignos de valor. Na verdade, a definição de vergonha que desenvolvi a partir da minha pesquisa foi:

*Vergonha é o sentimento ou experiência intensamente doloroso causado pela nossa crença de que somos falhos e, portanto, não somos dignos de amor e pertencimento.*[10]

A vergonha nos afasta do nosso senso de valor pessoal ao nos convencer de que, se assumirmos nossa história, as pessoas nos menosprezarão. Vergonha tem tudo a ver com medo. Temos medo de que não gostem de nós se souberem a verdade sobre quem somos, de onde viemos, em que acreditamos, as dificuldades com que lidamos ou, acredite ou não, como somos maravilhosos quando nos sobressaímos (às vezes, assumir nossa força é tão difícil quanto assumir nossas fraquezas).

As pessoas em geral tendem a acreditar que a vergonha é exclusiva daqueles que sobreviveram a traumas terríveis, mas isso não é verdade. Vergonha é algo que todos vivenciamos. E, embora ela pareça se esconder em nossos recantos mais sombrios, a verdade é que tende a nos espreitar em todos os lugares conhecidos, inclusive em nossa aparência e nossa imagem corporal, na família, na criação dos filhos, no dinheiro e no trabalho, na saúde, nos vícios, no sexo, no envelhecimento e na religião. Sentir vergonha é ser humano.

As narrativas das nossas dificuldades são difíceis de assumir e, quando nos esforçamos para fazer com que tudo pareça "perfeito" por fora, os riscos são altos na hora de dizer a verdade. É por isso que a vergonha adora os perfeccionistas – é fácil nos manter calados.

Além do medo de desapontar as pessoas ou de afastá-las com nossas histórias, também tememos que, ao compartilhá-las, o peso de uma única experiência desabe sobre nós. Existe o medo real de que possamos ser soterrados ou definidos por uma experiência que, na realidade, é apenas um fragmento de quem somos.

Conto muitas dessas histórias em meu livro *Eu achava que isso só acontecia comigo*, porém a que me vem à lembrança neste momento é a de uma mulher que precisou criar coragem para contar a uma vizinha que era uma alcoólatra em recuperação, só para ouvi-la dizer: "Não sei se ainda me sinto à vontade em deixar meus filhos brincarem na sua casa." Essa mulher corajosa me disse que enfrentou seu medo e respondeu: "Mas eles brincam aqui há dois anos e eu estou sóbria há vinte. E não sou diferente agora do que era há dez minutos. Por que você mudou?"

Se a vergonha é o medo universal de não merecermos amor e inclusão, e se todos têm uma necessidade inata e irredutível de experimentar amor e pertencimento, é fácil perceber por que se costuma chamá-la de "sentimento dominante". Não precisamos sentir vergonha para ser paralisados por ela – o medo de sermos considerados indignos é suficiente para nos fazer silenciar sobre nossas histórias.

E, se todos temos vergonha, a boa notícia é que todos somos capazes de desenvolver resiliência em relação a ela. Refiro-me à capacidade de reconhecê-la, passar por ela de modo construtivo, mantendo o amor-próprio e a autenticidade no processo, e, por fim, desenvolver coragem, compaixão e conexão como resultado da experiência. A primeira coisa que precisamos compreender sobre a resiliência é que quanto menos falamos da vergonha, mais vergonha temos.

A vergonha precisa de três coisas para crescer e fugir ao nosso controle: segredo, silêncio e crítica. Quando acontece alguma coisa vergonhosa e nós escondemos a situação, a vergonha é alimentada e cresce. Ela nos consome. Precisamos compartilhar essa experiência. A vergonha acontece entre pessoas e se cura entre pessoas. Se pudermos encontrar alguém que tenha conquistado o direito de ouvir nossa história, precisamos contá-la. A vergonha perde o poder quando é colocada em palavras. Por isso temos que cultivar nossa história para nos livrarmos da vergonha, e precisamos desenvolver resiliência à vergonha para cultivarmos nossa história.

Após uma década de pesquisa, descobri que homens e mulheres com altos níveis de resiliência à vergonha têm em comum estes quatro elementos:

1. Compreendem a vergonha e reconhecem quais mensagens e expectativas a desencadeiam.
2. Exercem sua consciência crítica, analisando se correspondem à realidade as mensagens e expectativas que nos dizem que *sermos imperfeitos* significa sermos insuficientes.
3. Buscam ajuda e compartilham suas histórias com as pessoas em quem confiam.
4. Falam da vergonha – usam a palavra *vergonha*, falam do que sentem e pedem aquilo de que precisam.

Quando penso nos homens e mulheres do meu estudo que falaram do poder transformador de assumir e compartilhar as próprias histórias, percebo que eles praticam a resiliência à vergonha.

Como boa parte de nossa percepção de valor pessoal e nossa resiliência à vergonha está relacionada com assumirmos o controle de nossas histórias, quero compartilhar com você um dos meus relatos dessa resiliência. Antes, porém, quero abordar duas perguntas comumente feitas sobre a vergonha. Acredito que isso ajudará você a preparar o coração e a mente para esse tema difícil.

**Qual é a diferença entre vergonha e culpa?** A maioria dos pesquisadores da vergonha e dos terapeutas que lidam com ela concorda que a diferença entre vergonha e culpa é mais bem compreendida como a diferença entre "sou ruim" e "fiz algo ruim".

*Culpa = Fiz uma coisa ruim.*
*Vergonha = Eu sou ruim.*

A vergonha tem relação com quem somos, e a culpa, com nosso comportamento. Sentimos culpa quando comparamos algo que fizemos ou deixamos de fazer com o tipo de pessoa que queremos ser. É um sentimento incômodo, mas útil. Quando nos desculpamos por algo que fizemos, ou procuramos reparar nossos erros em relação a outras pessoas, ou mudamos um comportamento com o qual não nos sentimos bem, não raro a motivação é a culpa, não a vergonha. A culpa é tão poderosa quanto a vergonha, mas seu efeito costuma ser positivo, ao passo que a vergonha é quase sempre destrutiva. Na verdade, constatei em minha pesquisa que a vergonha corrói a parte de nós que acredita que podemos mudar para melhor.[11]

**A vergonha serve para nos fazer agir corretamente?** Assim como muitos outros profissionais, cheguei à conclusão de que a vergonha tende bem mais a levar a comportamentos destrutivos e prejudiciais do que a constituir uma solução. Repetindo, é da natureza humana querermos nos sentir dignos de amor e pertencimento. Quando passamos vergonha, nos sentimos desconectados e ávidos por ser valorizados. Tomados pela vergonha ou pelo medo da vergonha, somos mais propensos a ter comportamentos destrutivos e a agredir ou constranger os outros. De fato, a vergonha está ligada a violência, agressão, depressão, vícios, distúrbios alimentares e bullying.

As crianças que falam de si mesmas expressando mais vergonha (*Eu sou ruim*) do que culpa (*Fiz uma coisa ruim*) sofrem intensamente de problemas de autoestima e autoaversão. Quem usa a vergonha para educar os filhos ensina às crianças que elas não são intrinsecamente merecedoras de amor.

### *Pesquisadora da vergonha, cura-te a ti mesma!*
Por mais que você entenda de vergonha, ela pode entrar de fininho na sua vida (acredite, falo por experiência própria). Você pode estar no meio de uma situação vergonhosa sem nem saber o que está acontecendo e por quê. A boa notícia é que, com prática suficiente, a resiliência perante a vergonha também pode entrar de fininho na sua vida! A história a seguir não apenas ilustra a natureza insidiosa da vergonha, como também reforça a importância de falarmos da vergonha e contarmos nossa história.

Durante vários meses, em 2009, meu blog foi mostrado como exemplo de site na página principal da empresa de hospedagem. Foi muito engraçado, porque recebi inúmeras visitas de pessoas que, normalmente, não buscariam um blog sobre autenticidade e coragem. Um dia, recebi um e-mail de uma mulher que tinha gostado do layout e do design do site. Fiquei orgulhosa e grata... Até chegar a esta parte do e-mail:

> Gostei mesmo do seu blog. É muito criativo e fácil de ler. A foto de você e sua amiga no cinema seria a única exceção... Eca! Eu nunca colocaria uma foto ruim em um blog, mas quem está falando aqui é a fotógrafa.

Mal pude acreditar. A foto a que ela se referia era uma que eu tinha tirado com minha querida amiga Laura enquanto esperávamos, sentadas em um cinema escuro, o início do filme *Sex and the City*. Era o dia da estreia e nós estávamos animadas e fazendo palhaçada, por isso saquei a câmera e bati uma foto.

Fiquei furiosa, confusa e chocada com o comentário dessa mulher sobre minha foto, mas continuei lendo. Ela fez então várias perguntas sobre o design do blog e terminou o e-mail explicando que trabalhava com muitos "pais sem noção" e pretendia falar com eles do meu trabalho na função parental. *Tanto fazia*. Eu estava fula da vida!

Fiquei andando de um lado para outro na cozinha, depois me sentei e soquei as teclas ao redigir um e-mail.

O primeiro rascunho incluiu esta linha:

*Nossa! Eu nunca depreciaria a foto de alguém, mas quem está falando aqui é a pesquisadora da vergonha.*

O segundo rascunho incluiu:

*Verifiquei suas fotos na internet. Se você se preocupa com a postagem de fotos ruins, eu repensaria a divulgação das suas.*

O terceiro rascunho dizia:

*Se você quer mandar um e-mail de merda, o mínimo que pode fazer é passar o corretor ortográfico. Sua mensagem tem alguns erros primários.*

Má. Agressiva. Não dei a mínima. Mas também não enviei a mensagem. Algo em meu corpo me impediu. Reli meus e-mails agressivos, respirei fundo e corri para o quarto. Calcei meu tênis de corrida, coloquei um boné e fui dar uma volta. Precisava sair de casa e descarregar aquela energia estranha que fervia em minhas veias.

Depois de ter caminhado uns dois quilômetros, liguei para minha querida amiga Laura, que estava comigo na tal foto no cinema. Contei-lhe sobre o e-mail da mulher e ela se espantou:

– Você está brincando!

– Não. Não estou. Quer ouvir minhas três respostas? Ainda estou tentando decidir qual delas vou mandar.

Recitei minhas respostas "mata e esfola" e Laura se espantou de novo:

– Brené, essas respostas são bastante audaciosas. Eu não conseguiria fazer isso. Acho que só ficaria magoada e, provavelmente, acabaria chorando.

Laura e eu estamos sempre conversando sobre assuntos pesados. Temos uma relação muito tranquila. Podemos falar sem parar ou ficar em absoluto silêncio. Vivemos analisando e dizendo coisas como "Certo, acompanhe meu raciocínio… estou pensando…", ou "Isso faz sentido?", ou "*Não. Não*. Espere. Estou tendo uma ideia".

Nesse ponto da conversa, retruquei:

– Não diga mais nada, Laura. Tenho que pensar no que você acabou de falar.

Por dois ou três minutos, o único som audível foi minha respiração ofegante.

– Você ficaria magoada e choraria? – perguntei, por fim.

Laura hesitou antes de responder.

– Sim. Por quê?

– Bem… – hesitei. – Acho que chorar e ficar magoada seria a opção corajosa para mim.

– Como assim? – Ela pareceu surpresa.

Expliquei da melhor forma que pude:

– Má e agressiva é a minha configuração-padrão. Não preciso de coragem para revidar constrangendo o outro. Sei usar os meus superpoderes da vergonha para o mal em uma fração de segundo, mas me permitir sentir a mágoa… aí é outra história. O que é padrão para você é coragem para mim.

Conversamos um pouco sobre isso e concluímos que coragem, para Laura, é reconhecer a mágoa sem fugir dela, enquanto a minha coragem é reconhecer que fui ferida sem revidar ferindo. Também concordamos que a crueldade nunca é sinal de coragem – na maioria das vezes, é um golpe baixo e fácil, principalmente na atualidade.

Depois de conversarmos por mais 1,5 quilômetro, Laura falou:

– Então, agora que já entendemos a importância de reconhecer a mágoa, qual seria a forma corajosa de lidar com esse e-mail?

Contive as lágrimas.

– Ficar magoada. Chorar. Contar pra você. Deixar pra lá. Apagar o e-mail. Nem responder.

Laura calou-se por um instante. Em seguida, soltou:

– Ah, meu Deus! Isso é resiliência à vergonha, não é? Você está praticando a coragem!

Fiquei confusa, como se nunca tivesse ouvido essa expressão antes.

– Hein? O que você quer dizer?

– Resiliência à vergonha, você sabe, o seu livro. Os quatro elementos da resiliência à vergonha: Reconhecer os gatilhos que levam à vergonha. Ter consciência crítica sobre a teia da vergonha. Disposição para estender a mão aos outros. Capacidade de falar da vergonha. Seu livro – respondeu Laura, pacientemente.

Nós duas começamos a rir. Pensei comigo mesma: *Caramba! Funciona*.

Uma semana depois, eu estava diante de um grupo de setenta alunos de pós-graduação que faziam meu curso sobre vergonha e empatia. Eu falava sobre os quatro elementos da resiliência em relação à vergonha quando uma das alunas levantou a mão e pediu um exemplo. Resolvi contar a história do e-mail da mulher. É um ótimo exemplo de como a vergonha pode ficar em um nível totalmente inconsciente, e de como é importante chamá-la pelo nome e falar dela.

Comecei a história descrevendo meu blog e meu novo compromisso de estudar fotografia. Contei que eu ficava vulnerável ao compartilhar minhas fotos e que me sentira envergonhada e menosprezada ao receber aquele e-mail crítico.

Quando lhes falei do meu desejo profundo de responder com crueldade, vários alunos enterraram a cabeça nas mãos, enquanto outros apenas desviaram os olhos. Tenho certeza de que se decepcionaram com minha falta de discernimento. Alguns pareceram claramente assustados.

Um estudante levantou a mão e disse:

— Posso fazer uma pergunta pessoal?

Como eu já estava no meio de uma história de vulnerabilidade e vergonha, imaginei que não poderia fazer mal. Estava enganada.

Corajosamente, ele perguntou:

— Você está dizendo que o problema foi criticarem sua fotografia. Mas foi mesmo essa a vulnerabilidade? A vergonha veio de estar sendo criticada por uma fotografia ruim ou de ter se permitido ficar vulnerável e exposta, em vez de fechada e protegida, e acabar sendo magoada? Será que não foi, na verdade, por você ter se aberto para uma conexão e ter sido magoada?

Fiquei com a boca seca. Comecei a transpirar. Esfreguei a testa e encarei os alunos constrangidos.

— Não acredito! Foi exatamente isso que aconteceu! Eu não sabia, até este momento, mas foi isso mesmo que aconteceu. Exatamente isso. Tirei uma foto boba no cinema, coisa que não costumo fazer, mas estava com uma amiga íntima e nós estávamos nos divertindo como duas adolescentes. Postei a foto por estar animada e por achá-la engraçada. E aí alguém me criticou.

Uns dois alunos fuzilaram com os olhos o colega corajoso, como se dissessem *Parabéns, você a traumatizou*. Mas não me senti traumatizada. Nem pega em flagrante. Nem exposta. Eu me senti libertada. A história que eu precisava assumir como minha, para ter acesso ao meu amor-próprio, não era a de uma fotógrafa inexperiente sofrendo pela crítica a uma fotografia sua. Era a história de uma pessoa bastante séria que tinha sido espontânea e brincalhona, e se mostrado imperfeita, até que veio alguém enfiar o dedo nessa vulnerabilidade.

A resiliência é, muitas vezes, um lento desdobrar da compreensão. O que aquela experiência significara para mim? O que as vozes maldosas na minha cabeça murmuravam? Nós não apenas precisamos assumir nossas histórias e amar a nós mesmos nesse processo, como temos que descobrir qual é a história verdadeira! Também precisamos aprender a nos proteger da vergonha, se quisermos desenvolver nosso senso de valor pessoal.

## *Que aparência tem a vergonha?*
Quando se trata de compreender como podemos nos defender da vergonha, tenho imenso respeito pelo trabalho do Stone Center, na Universidade Wellesley. A Dra. Linda Hartling, antiga teórica relacional-cultural do Stone Center e agora diretora de Estudos sobre Dignidade Humana e Humilhação, usa o trabalho de Karen Horney sobre aproximação, confrontação e afastamento para resumir as estratégias de desconexão que usamos para lidar com a vergonha.[12]

De acordo com a Dra. Hartling, para lidar com a vergonha, algumas pessoas *se afastam*, procurando se retrair, se esconder, silenciar e guardar segredo. Outras *se aproximam*, buscando apaziguar e agradar. E outras *buscam o confronto*, tentando conquistar poder sobre as demais, sendo agressivas e usando a vergonha para combater a vergonha (como ao enviar e-mails realmente cruéis).

A maioria de nós adota todos esses comportamentos – em momentos diferentes, com pessoas diferentes e por razões diferentes. Mas todas essas estratégias nos afastam da nossa história. A vergonha tem a ver com medo, culpa e desconexão. Nossa história tem a ver com senso de valor pessoal, com aceitar as imperfeições que nos conferem coragem, compaixão e conexão. Se quisermos viver plenamente, sem o medo constante de não sermos suficientes, temos que nos apropriar da nossa história. Também temos que reagir à vergonha de um modo que não a exacerbe. Uma forma de fazer isso é reconhecer quando estamos envergonhados, para que possamos reagir de maneira consciente.

A vergonha é um sentimento impactante. Homens e mulheres com altos níveis de resiliência em relação a ela sabem quando a vergonha se manifesta. A maneira mais fácil de reconhecê-la é cultivar a consciência de seus sintomas físicos. Como mencionei no capítulo sobre coragem, compaixão e conexão, sei que estou sofrendo de vergonha quando aquela sensação quente de insuficiência me invade, meu coração dispara, meu rosto se aquece, minha boca fica seca, minhas axilas formigam e o tempo desacelera. É importante saber identificar nossos sintomas pessoais, para podermos *refletir* sobre nossa reação à vergonha.

Quando sentimos vergonha, ficamos impróprios para consumo humano. Precisamos nos recompor afetivamente antes de fazer, dizer ou escrever alguma coisa da qual possamos nos arrepender. Sei que preciso de dez a quinze minutos para me recompor e que, com certeza, vou chorar antes de ficar pronta. Também preciso rezar. Saber isso é uma dádiva.

Se você quiser começar logo a desenvolver resiliência à vergonha e a reivindicar sua história, comece pelas perguntas a seguir. Descobrir as respostas pode mudar sua vida.

1. Em quem você se transforma quando é colocado(a) contra a parede pela vergonha?
2. De que maneira se protege?
3. Quem você procura para elaborar seus desejos de vingança, ou de se esconder e chorar, ou de agradar os outros?
4. Qual é a coisa mais corajosa que você pode fazer por si mesmo(a) quando se sente pequeno(a) e magoado(a)?

Nossas histórias não são para qualquer um. Ouvi-las é um privilégio e, antes de compartilhá-las, devemos sempre nos perguntar: "Quem conquistou o direito de ouvir minha história?" Se pudermos contar com uma ou duas pessoas na vida que possam nos fazer companhia, reservar um espaço para nossas histórias de vergonha e gostar de nós tanto por nossos pontos fortes quanto pelos fracos, temos uma sorte incrível. Se tivermos um amigo ou um pequeno grupo de amigos ou parentes que aceitem nossas imperfeições, nossas vulnerabilidades e nosso poder, e nos encham da sensação de pertencimento, temos uma sorte incrível.

Não precisamos que todas as pessoas que fazem parte de nossa vida nos deem amor, pertencimento e acolham nossas histórias, mas precisamos ter pelo menos uma pessoa capaz disso. Se tivermos essa pessoa, ou um pequeno grupo de confidentes, a melhor forma de celebrar essas conexões é celebrarmos nosso próprio valor. Para construirmos relacionamentos baseados no amor, no pertencimento e na possibilidade de compartilhar histórias, temos que partir do mesmo lugar: o nosso valor próprio.

## DIRETRIZ Nº 1

## *Cultive a autenticidade:*
## *liberte-se do que os outros pensam*

*É comum as pessoas tentarem viver a vida de trás para a frente:*
*procuram ter mais coisas,*
*ou mais dinheiro, para fazerem mais o que querem e, com isso,*
*serem mais felizes.*
*O que funciona mesmo é o caminho inverso. Primeiro você deve*
*ser quem realmente é,*
*depois fazer o que realmente precisa fazer, para então ter o que quer.*

– Margaret Young

Antes de iniciar minha pesquisa, sempre pensei nas pessoas como autênticas ou não autênticas. A autenticidade era uma simples qualidade que se tinha ou não. Creio que é assim que a maioria de nós usa o termo: "Ela é uma pessoa muito autêntica." No entanto, à medida que comecei a mergulhar na pesquisa e a fazer meu trabalho pessoal, percebi que, como muitas outras qualidades desejáveis, a autenticidade não é algo que tenhamos ou não. É uma prática, uma opção consciente de como queremos viver.

A autenticidade é uma coleção de escolhas que temos que fazer todos os dias. É nos mostrarmos e sermos reais. É optar por sermos francos. É optar por deixarmos que nosso eu verdadeiro seja visto.

Há pessoas que praticam a autenticidade de maneira consciente, outras que não fazem isso, e há também o restante de nós, que somos autênticos em uns dias e em outros nem tanto. Acredite, apesar de eu saber muito sobre a autenticidade e de ela ser algo que busco, quando estou cheia de dúvidas a meu respeito ou muito envergonhada, sou capaz de abrir mão dos meus valores para ser quem você quiser que eu seja.

Pensar que podemos optar pela autenticidade faz a maioria de nós sentir-se esperançosa e exausta. Ficamos esperançosos porque ser verdadeiros é algo que valorizamos. Quase todos nos sentimos atraídos por pessoas calorosas, sensatas e sinceras, e almejamos ser assim em nossa vida. E nos sentimos exaustos porque, mesmo sem pensar muito, quase todos sabemos que optar pela autenticidade, em uma cultura que dita tudo, desde quanto devemos pesar até como deve ser a nossa casa, é uma grande empreitada.

Dada a magnitude da tarefa – ser autênticos em uma cultura que determina que "nos enquadremos" e "agrademos às pessoas" –, decidi usar minha pesquisa para desenvolver uma definição de autenticidade que eu pudesse utilizar como parâmetro. Qual é a anatomia da autenticidade? Quais partes se unem para criar um eu autêntico? Veja o que elaborei:

*Autenticidade é nos livrarmos diariamente de quem achamos que devemos ser e abraçarmos quem somos.*

*Optar pela autenticidade significa:*

- *cultivar a coragem de sermos imperfeitos, de estabelecer limites e de nos permitir sermos vulneráveis;*
- *exercer a compaixão que vem de saber que todos temos pontos fortes e fracos;*
- *alimentar a conexão e o pertencimento que só podem existir quando acreditamos que somos suficientes.*

*A autenticidade exige que vivamos e amemos plenamente, mesmo quando é difícil, mesmo quando lutamos com a vergonha e o medo de não sermos bons o bastante e, sobretudo, quando a alegria é tão intensa que temos medo de nos permitir senti-la.*

*A prática atenta e consciente da autenticidade, em nossa busca mais profunda de nós mesmos, é a forma de introduzirmos alegria, bondade e gratidão em nossa vida.*

Você vai notar que muitos dos tópicos das dez diretrizes deste livro se entremeiam com essa definição. Esse tema se repetirá ao longo do livro. Todas as diretrizes se interligam e se inter-relacionam. Meu objetivo é falar delas individual e coletivamente. Quero analisar como cada uma funciona isoladamente e como todas se encaixam. Passarei o restante do livro desvendando termos como *perfeição*, para que você possa compreender por que eles são tão importantes e o que costuma atrapalhar nossa possibilidade de levar uma Vida Plena.

Optar pela autenticidade não é uma escolha fácil. E. E. Cummings escreveu: "Ser ninguém-senão-você-mesmo, em um mundo que faz o possível, dia e noite, para transformá-lo em qualquer um, menos você mesmo, significa travar a batalha mais árdua que qualquer ser humano pode travar – e nunca interromper a luta." "Manter-se verdadeira" é uma das batalhas mais corajosas que a pessoa pode travar.

Quando optamos por ser fiéis a nós mesmos, as pessoas à nossa volta têm dificuldade para entender como e por que estamos mudando. Cônjuges e filhos podem ficar temerosos e inseguros diante das mudanças que testemunham. Amigos e parentes podem se preocupar por não saber como nossa prática da autenticidade os afetará e modificará nosso relacionamento com eles. Alguns vão encontrar inspiração em nosso novo compromisso, outros talvez achem que estamos mudando demais – quem sabe até abandonando-os ou erguendo diante deles um espelho constrangedor.

Não é tanto o *ato de autenticidade* que desafia o status quo – penso nisso mais como a *audácia da autenticidade*. Quase todos temos gatilhos de vergonha relacionados a sermos vistos como autoindulgentes ou egocêntricos. Não queremos que nossa autenticidade seja percebida como egoísmo ou narcisismo. Quando comecei a praticar conscientemente a autenticidade e a afirmar meu valor pessoal, foi como se a cada dia tivesse que enfrentar uma horda de monstrinhos. Suas vozes eram altas e implacáveis:

- "E se eu achar que sou suficiente, mas os outros não?"
- "E se eu deixar que vejam e conheçam meu eu imperfeito e ninguém gostar do que vir?"
- "E se meus amigos/colegas/familiares gostarem mais do meu eu perfeito... você sabe, aquele que cuida de tudo e de todos?"

Às vezes, quando incomodamos o sistema, ele reage. A reação pode ir de um revirar de olhos e alguns resmungos a sérios problemas de relacionamento e sensação de isolamento. Também pode haver reações cruéis e humilhantes a nossa voz autêntica. Em minha pesquisa sobre a autenticidade e a vergonha, descobri que tomar a palavra é um grande desencadeador de vergonha para as mulheres. Veja como algumas participantes da pesquisa descreveram a luta pela autenticidade:

- "Não faça as pessoas se sentirem constrangidas, mas seja franca."
- "Não aborreça nem magoe ninguém, mas diga o que estiver pensando."
- "Mostre-se bem informada e instruída, mas não dê a entender que sabe tudo."
- "Não diga nada impróprio nem controverso, mas tenha a coragem de discordar da maioria."

Também descobri que homens e mulheres sofrem quando seus sentimentos, opiniões e crenças entram em conflito com as expectativas de gênero da nossa cultura. Por exemplo, as pesquisas sobre os atributos que associamos à "feminilidade" dizem-nos que algumas das qualidades mais importantes nas mulheres são a magreza, a gentileza e o recato.[13] Isso significa que, se as mulheres não quiserem correr nenhum risco, deverão dispor-se a permanecer tão magras, reservadas e atraentes quanto possível.

Ao estudar os atributos associados à masculinidade, os pesquisadores identificaram os seguintes aspectos como sendo importantes nos homens: controle emocional, dedicação ao trabalho, controle sobre as mulheres e busca de status social elevado.[14] Isso significa que, se os homens não quiserem correr nenhum risco, deverão sufocar seus sentimentos, tratar de ganhar bem e desistir de criar vínculos significativos.

A questão é que... nem sempre a autenticidade é a opção segura. Às vezes, preferir ser verdadeiro a ser agradável significa correr riscos. Significa sair do próprio comodismo. E acredite em mim – alguém que já abriu mão da autenticidade em muitas ocasiões – quando digo que é fácil nos machucarmos ao circular por territórios desconhecidos.

É fácil atacar e criticar alguém que assume riscos expressando uma opinião impopular, ou compartilhando uma nova criação com o mundo, ou tentando algo novo que ainda não chegou propriamente a dominar. A crueldade é fácil, cômoda e não tem limites. É também covarde. Em especial quando se agride e se critica anonimamente – como hoje a tecnologia permite que tanta gente faça.

Enquanto lutamos para ser autênticos e corajosos, é importante lembrarmos que a crueldade sempre fere, mesmo que as críticas não tenham fundamento. Quando vamos contra a corrente e expomos ao mundo nós mesmos e nosso trabalho, algumas pessoas sentem-se ameaçadas e tentam nos atingir onde dói mais: em nossa aparência, em nossa capacidade de cativar e até em nossa maneira de criar os filhos.

O problema é que, quando não damos a mínima para o que os outros pensam e somos imunes à dor, também não conseguimos desenvolver conexões. A coragem reside em contarmos nossa história, não em sermos imunes às críticas. Permanecer vulneráveis é um risco que temos que correr se quisermos manter qualquer grau de conexão com os outros.

Se você é como eu, praticar a autenticidade pode parecer uma escolha assustadora, pois há um risco em expor ao mundo nosso eu verdadeiro. No entanto, acredito que é ainda maior o risco de você se esconder e esconder do mundo os seus dons. Nossas ideias, opiniões e contribuições não manifestadas não desaparecem assim sem mais nem menos. Tendem a causar uma infestação e a corroer nosso amor-próprio. Acho que deveríamos nascer com um aviso semelhante àquele que vem nos maços de cigarro: *Cuidado: Se você trocar sua autenticidade por segurança, poderá sofrer de ansiedade, depressão, distúrbios alimentares, vícios, raiva, culpa, ressentimento e uma tristeza inexplicável.*

Simplesmente não vale a pena sacrificar quem somos em nome do que os outros pensam. Sim, pode ser difícil para as pessoas que nos cercam, mas, no fim das contas, sermos fiéis a nós mesmos é o melhor presente que podemos oferecer àqueles que amamos. Quando abri mão de tentar ser tudo para todos, passei a ter muito mais tempo, atenção, amor e sintonia com as pessoas importantes na minha vida. Meu exercício de autenticidade pode ser difícil para o Steve e as crianças, principalmente por exigir tempo, energia e atenção. Mas a verdade é que ele, Ellen e Charlie estão engajados na mesma luta. Todos nós estamos.

### *Recorra ao RIA*

**Reflexão**: Sempre que me vejo em uma situação delicada, delibero sobre minhas intenções, repetindo para mim mesma: "Não se encolha. Não seja arrogante. Defenda sua posição sagrada." Acredito que há algo profundamente espiritual em defender a própria posição. Repetir esse pequeno mantra me ajuda a lembrar que não devo me diminuir para agradar os outros nem vestir uma armadura para me proteger.

**Inspiração**: Inspiro-me em qualquer pessoa que compartilhe seu trabalho e suas opiniões com o mundo. A coragem é contagiosa. Minha amiga Katherine Center diz: "Você tem que ter coragem na sua vida, para que os outros possam ser corajosos na deles."[15]

**Ação**: Procuro fazer da autenticidade meu objetivo número 1 quando me vejo em uma situação de vulnerabilidade. Se a autenticidade é meu objetivo e eu me mantenho fiel a ele, nunca me arrependo. Pode acontecer de meus sentimentos ficarem feridos, mas raramente sinto vergonha. Quando a aceitação ou a aprovação se tornam meus objetivos e eu não consigo atingi-los, posso sentir vergonha: "Não sou boa o bastante." Se a meta for a autenticidade e não gostarem de mim, posso aguentar. Mas, se a meta for ser benquista e não gostarem de mim, estarei encrencada. Sigo em frente fazendo da autenticidade a minha prioridade.

*Como você faz o seu RIA?*

# DIRETRIZ Nº 2

## *Cultive a autocompaixão: liberte-se do perfeccionismo*

*O realmente difícil e realmente admirável é você abrir mão de ser perfeito e iniciar o trabalho de se tornar você mesmo.*

– Anna Quindlen[16]

Uma das melhores partes do meu trabalho é receber cartas e e-mails de leitores. No começo de 2009, recebi meu milésimo e-mail de um leitor de *Eu achava que isso só acontecia comigo*. Para comemorar, resolvi mediar uma leitura conjunta do livro no meu blog, ao longo de oito semanas. Dei a essa leitura o nome de Menos Vergonha, Mais Alegria.

Basicamente, foi um clube do livro pela internet. Lemos um capítulo por semana e enviei postagens, podcasts, discussões e exercícios de criatividade ao longo do processo. Hoje, a leitura mediada está no meu blog e as pessoas ainda a utilizam – ler o livro inteiro com um grupo ou uma pessoa amiga é muito mais eficiente.

Pouco antes de começar essa leitura conjunta, recebi um e-mail que dizia: "Adorei a ideia do clube do livro. Acho que não tenho problemas com a vergonha, mas, se um dia você fizer algo sobre perfeccionismo, serei a primeira da fila." Ela se despedia com esta frase curta: "P.S.: Vergonha e perfeccionismo não estão relacionados, certo?"

Mandei-lhe um e-mail em que eu explicava a relação entre vergonha e perfeccionismo: onde existe perfeccionismo, a vergonha está sempre à espreita. Na verdade, ela é o berço do perfeccionismo.

Gostei da resposta que ela me enviou: "Talvez você possa falar disso antes de NÓS começarmos a leitura conjunta. Minhas amigas e eu temos consciência da nossa luta com o perfeccionismo, mas não reclamamos de vergonha."

*Não reclamamos de vergonha.* Você não imagina quantas vezes já ouvi isso! Sei que *vergonha* é uma palavra ameaçadora. O problema é que, quando não lidamos com ela, a vergonha toma conta de nós. E um dos caminhos que usa para entrar na nossa vida passa pelo perfeccionismo.

Como perfeccionista em recuperação e aspirante a adepta de "fazer o que é possível", descobri que é bastante útil derrubar alguns mitos sobre o perfeccionismo, para poder desenvolver uma definição que capte precisamente o que ele é e o que faz de nossas vidas:

- **Perfeccionismo não é o mesmo que empenho em fazer o melhor.** Perfeccionismo *não tem a ver* com realizações sadias e com crescimento. Perfeccionismo é a crença em que, se nossa vida, aparência e atitude forem perfeitas, poderemos minimizar ou evitar a dor da culpa, da crítica e da vergonha. Trata-se de um escudo. O perfeccionismo é um escudo de 20 toneladas que arrastamos conosco, pensando que nos protegerá, quando, na verdade, é o que realmente nos impede de alçar voo.

- **Perfeccionismo não é aperfeiçoamento pessoal.** Perfeccionismo é, em sua essência, a tentativa de conquistar aprovação e aceitação. A maioria dos perfeccionistas foi criada com elogios por suas realizações e seu desempenho (boas notas, boas maneiras, obediência às regras, afabilidade, boa aparência, desempenho nos esportes). Em algum ponto do caminho, adotamos um sistema de crenças perigoso e debilitante: sou aquilo que realizo e quão bem o realizo. *Agradar.*

*Realizar. Aperfeiçoar.* O esforço saudável concentra-se no eu: *Como posso melhorar?* O perfeccionismo concentra-se no outro: *O que as pessoas vão pensar?*

Compreender a diferença entre esforço saudável e perfeccionismo é essencial para deixarmos o escudo de lado e retomarmos a vida. As pesquisas mostram que o perfeccionismo dificulta o sucesso. Na verdade, é comum que abra caminho para a depressão, a ansiedade, os vícios e a paralisia da vida.[17] *Paralisia da vida* refere-se a todas as oportunidades que perdemos em função do medo de mostrar ao mundo algo que possa estar imperfeito. Também corresponde a todos os sonhos que não perseguimos, por nosso profundo medo de fracassar, cometer erros e decepcionar os outros. É assustador arriscar quando se é perfeccionista: a autoestima fica em jogo.

Reuni estas descobertas para moldar uma definição de perfeccionismo (pois você sabe como gosto de colocar minhas dificuldades em forma de palavras!). É uma definição longa, mas como tem me ajudado! É também é a "mais requisitada" no meu blog:

- *Perfeccionismo é um sistema de crenças autodestrutivo e viciante, que alimenta este pensamento primário*: se eu parecer perfeito(a), levar uma vida perfeita e fizer tudo à perfeição, poderei evitar ou minimizar os sentimentos dolorosos de vergonha, crítica e culpa.
- *O perfeccionismo é autodestrutivo pelo simples fato de não existir nada perfeito. A perfeição é uma meta inatingível. Além disso, tem mais a ver com a percepção externa – queremos ser percebidos como perfeitos. Mais uma vez, isso é inatingível* – não há como controlar a percepção do outro, não importa quanto tempo e quanta energia gastemos tentando.
- *O perfeccionismo vicia porque, quando invariavelmente vivenciamos vergonha, crítica e culpa, é comum acreditarmos que é por não sermos suficientemente perfeitos. Assim, em vez de questionarmos a lógica falha*

*do perfeccionismo, ficamos ainda mais agarrados a nossa busca de tornar a vida, a aparência e os atos perfeitos.*
- *Sentir-se envergonhado, criticado e culpado (e temer esses sentimentos) faz parte da experiência humana. O perfeccionismo, na verdade, aumenta a probabilidade de vivenciarmos esses afetos dolorosos e, não raro, leva à autoacusação*: A culpa é minha. Estou me sentindo assim porque "não sou bom/boa o bastante".

Para superar o perfeccionismo, precisamos ser capazes de reconhecer nossa vulnerabilidade às experiências universais de vergonha, crítica e culpa, desenvolver resiliência à vergonha e praticar a autocompaixão. Quando nos tornamos mais amorosos e compassivos conosco e começamos a praticar a resiliência à vergonha, podemos aceitar nossas imperfeições. E é no processo de aceitar nossas imperfeições que descobrimos nossos dons mais verdadeiros: coragem, compaixão e conexão.

Com base em meus dados, não creio que algumas pessoas sejam perfeccionistas e outras não. Acredito que o perfeccionismo existe em um continuum. Todos temos alguma tendência perfeccionista. Para uns, o perfeccionismo talvez só emerja quando eles se sentem especialmente vulneráveis. Para outros, pode ser compulsivo, crônico e debilitante, semelhante a um vício.

Comecei a trabalhar meu perfeccionismo aos poucos, uma parte confusa de cada vez. Ao fazer isso, finalmente compreendi (no mais íntimo de mim) a diferença entre perfeccionismo e realização saudável. Analisar nossos medos e modificar a maneira de falarmos com nós mesmos são dois passos cruciais para superar o perfeccionismo.

Vejamos o meu exemplo:

Como a maioria das mulheres, luto com minha imagem corporal, minha autoconfiança e a relação sempre complicada entre a alimentação e os sentimentos. Eis a diferença entre as dietas perfeccionistas e as metas saudáveis:

**Discurso do perfeccionismo**: "Droga! Nada me serve. Estou gorda e feia. Sinto vergonha da minha aparência. Preciso ser diferente do que sou agora para ser digna de amor e pertencimento."

**Discurso do esforço saudável**: "Quero conseguir isto. Quero me sentir melhor e mais saudável. A balança não determina se vou ser amada e aceita. Se eu acreditar que sou digna de amor e de respeito agora, atrairei coragem, compaixão e conexão para minha vida. Quero resolver isto. Posso resolver."

Os resultados dessa mudança modificaram minha vida. O perfeccionismo não levou a nenhum resultado. Levou à pasta de amendoim.

Também já tive que usar algumas vezes o velho recurso de fingir até tornar algo realidade. Penso nele como uma prática da imperfeição. Por exemplo, logo depois que comecei a trabalhar nesta definição, apareceram uns amigos lá em casa. Minha filha, Ellen, então com 9 anos, gritou:

– Mamãe! O Don e a Julie estão na porta!

Nossa casa estava uma bagunça e, pela entonação da Ellen, percebi que ela estava pensando: *Ah, não! A mamãe vai dar um piti!*

– Só um segundo! – respondi, e corri para me vestir.

Ela correu para o meu quarto e perguntou:

– Quer que eu ajude a recolher as coisas?

– Não, vou só me vestir – falei. – Que bom que eles vieram, fico muito contente. Que surpresa boa! Quem se importa com a bagunça?

E aí entrei no transe da prece da serenidade.

Ora, se desejamos viver e amar de todo o nosso coração, como fazer para evitar que o perfeccionismo sabote nossos esforços? Quando entrevistei mulheres e homens com uma postura de autenticidade e amor-próprio perante o mundo, percebi que eles tinham muito em comum quando se tratava de perfeccionismo.

Primeiro, falavam de suas imperfeições com franqueza e ternura, sem vergonha nem medo. Segundo, evitavam criticar a si mesmos e os outros. Pareciam agir de acordo com a noção de que estamos todos fazendo o melhor possível. Sua coragem, compaixão e conexão pareciam ter origem em seu modo de tratar a si mesmos. Eu não sabia muito bem como captar a essência desses atributos, mas presumi que eram qualidades à parte. Isto é, pelo menos até dois anos atrás, quando descobri o trabalho da Dra. Kristin Neff sobre a autocompaixão. Examinemos esse conceito e a razão pela qual ele é essencial para praticarmos a autenticidade e aceitarmos nossas imperfeições.

## *Autocompaixão*

> *Um momento de autocompaixão pode modificar o seu dia inteiro.*
> *Uma sequência desses momentos pode mudar o rumo da sua vida.*
>
> – Christopher K. Germer[18]

A Dra. Kristin Neff é pesquisadora e professora da Universidade do Texas em Austin. Dirige o Laboratório de Pesquisa da Autocompaixão, onde estuda o modo como a desenvolvemos e praticamos. Segundo ela, a autocompaixão tem três componentes: bondade consigo mesmo, humanidade comum e atenção plena.[19] Eis as definições abreviadas de cada um:

- *Bondade consigo mesmo*: sermos calorosos e compreensivos com nós mesmos quando sofremos, falhamos ou não sentimos que somos bons o bastante, em vez de ignorarmos nossa dor ou nos flagelarmos com a autocrítica.
- *Humanidade comum*: reconhecer que o sofrimento e a sensação de não ser suficiente são parte da vivência humana – algo pelo qual todos passamos, não algo que só acontece "comigo".
- *Atenção plena*: enfrentar os sentimentos negativos com uma abordagem equilibrada, para que eles não sejam nem suprimidos nem exagerados. Não podemos ignorar nossa dor e, ao mesmo tempo, sentir compaixão por ela. A atenção plena requer que nós não nos "identi-

fiquemos em demasia" com as ideias e os sentimentos, para não sermos destruídos pela negatividade.

Uma das muitas coisas que me agradam no trabalho da Dra. Neff é sua definição de *atenção plena*. Muitos pensam que praticar a atenção plena significa não evitar os sentimentos dolorosos. A definição dela nos lembra que atenção plena também significa não nos identificarmos em demasia com os sentimentos nem exagerar neles. Acredito que isso é crucial para aqueles que lutam com o perfeccionismo. Vou dar um exemplo "perfeito": recentemente, enviei um e-mail a uma autora para perguntar se poderia citar o trabalho dela neste livro. Incluí o trecho exato que desejava citar, para que ela pudesse tomar uma decisão bem embasada. Ela generosamente respondeu que sim, mas me alertou a não usar o parágrafo transcrito no e-mail, porque eu grafara errado o seu nome.

Entrei em total paralisia perfeccionista. "Ai, meu Deus! Escrevo para ela pedindo para citá-la e erro seu nome. Ela deve me achar uma completa charlatã. Como pude ser tão desleixada?" Não foi um ataque de vergonha – não cheguei a ir tão longe –, mas também não reagi com autocompaixão. Por pouco não me deixei "ser destruída pela reatividade negativa". A sorte foi que um rascunho deste capítulo estava na mesa a meu lado. Olhei para ele e sorri. *Seja gentil consigo mesma, Brené. Não aconteceu nada de mais.*

O exemplo dessa troca de e-mails mostra como meu perfeccionismo e minha falta de autocompaixão poderiam facilmente ter me levado a uma crítica dura. Pensei em mim como uma charlatã desleixada por causa de um pequeno erro. Do mesmo modo, quando recebo de alguém um e-mail com erros, tendo a fazer julgamentos duros. Isso pode ser realmente perigoso se a Ellen me procurar e disser: "Acabei de mandar um e-mail para minha professora e, sem querer, errei o nome dela." Devo responder "O quê? Isso é imperdoável!" ou "Já fiz a mesma coisa, erros acontecem"?

O perfeccionismo nunca acontece de modo isolado. Afeta todas as pessoas que nos cercam. Nós o transmitimos a nossos filhos, contaminamos nosso local de trabalho com expectativas impossíveis de se alcançar e sufocamos amigos e familiares.

Ainda bem que a compaixão também se espalha depressa. Quando somos bondosos conosco, criamos uma reserva de compaixão que podemos compartilhar. Nossos filhos aprendem a ser compassivos nos observando, e as pessoas à nossa volta se sentem à vontade para ser autênticas e criar conexões.

## *Recorra ao RIA*

**Reflexão:** Uma ferramenta que me ajudou a refletir sobre minha autocompaixão foi a Escala de Autocompaixão da Dra. Neff.[20] Trata-se de um pequeno teste que mede os componentes da autocompaixão (bondade consigo mesmo, humanidade comum e atenção plena) e as coisas que atrapalham (autocrítica destrutiva, isolamento e identificação exagerada). A escala me ajudou a perceber que me saio bem em matéria de humanidade comum e atenção plena, mas a bondade comigo mesma precisa de cuidado constante. A Escala de Autocompaixão e outras informações maravilhosas estão disponíveis, em inglês, no site da Dra. Neff: <www.self-compassion.org>.

**Inspiração:** A maioria de nós tenta viver com autenticidade. No fundo, queremos nos livrar das máscaras para ser verdadeiros e imperfeitos. Há um verso na canção "Anthem", de Leonard Cohen, que me serve de lembrete quando me vejo em uma situação de querer controlar tudo e tornar tudo perfeito.[21] O verso diz: "Há em tudo uma rachadura. É assim que a luz entra." Muitos correm por aí tentando consertar todas as rachaduras, fazer tudo parecer certo. Esse verso me ajuda a lembrar a beleza das rachaduras (e da casa bagunçada, do manuscrito imperfeito e da calça jeans apertada demais). Ele me lembra que nossas imperfeições não são insuficiências; são lembretes de que estamos todos juntos nesta jornada. Imperfeitos, mas juntos.

**Ação:** Às vezes, quando acordo pela manhã, dizer esta frase me ajuda: "Hoje vou acreditar que estar presente será o bastante."

*Como você faz o seu RIA?*

# DIRETRIZ Nº 3

## Cultive um espírito resiliente: liberte-se do entorpecimento e da impotência

*Ela nunca podia voltar atrás e embelezar alguns detalhes.
Só conseguia seguir em frente e embelezar o todo.*

– Terri St. Cloud, www.bonesigharts.com[22]

A resiliência – a capacidade de superar adversidades – tem sido um tema crescente de estudos desde o início da década de 1970. Em um mundo atormentado pela tensão e pela luta, todos – de psicólogos, psiquiatras e assistentes sociais a religiosos e pesquisadores da criminalidade – querem saber como e por que algumas pessoas se recuperam melhor das dificuldades do que outras. Queremos compreender por que umas sabem lidar com a tensão e o trauma de um modo que lhes permite seguir com a vida enquanto outras parecem ficar mais afetadas e paralisadas.

À medida que eu reunia e analisava meus dados, percebi que muitos dos entrevistados descreviam histórias de resiliência. Ouvi relatos de pessoas que cultivavam uma Vida Plena apesar da adversidade. Verifiquei a capacidade de algumas de se manterem atentas e autênticas sob grande tensão e ansiedade, e ouvi outras descreverem como eram capazes de transformar traumas em uma próspera Vida Plena.

Não foi difícil reconhecer essas narrativas como histórias de resiliência, porque cursei a pós-graduação durante o auge das pesquisas sobre ela. Eu sabia que essas histórias estavam entremeadas com o que chamamos de *fatores de proteção* – as coisas que fazemos, possuímos e praticamos que nos dão a possibilidade de nos reerguermos.

## O que compõe a resiliência?

Se consultarmos as pesquisas mais recentes, veremos que estes são os cinco fatores mais comuns nas pessoas resilientes:

1. Elas são criativas e têm habilidade para solucionar problemas.
2. São mais propensas a buscar ajuda.
3. Têm a convicção de que são capazes de fazer algo que as ajude a lidar com seus sentimentos e com as situações.
4. Dispõem de apoio social.
5. Têm vínculos com parentes ou amigos.[23]

É claro que existem outros fatores, dependendo dos pesquisadores, mas esses são os principais.

No começo, eu esperava que os padrões observados em minha pesquisa levassem a uma conclusão muito direta: a resiliência é um componente central da Vida Plena, assim como as outras diretrizes. Mas havia algo mais no que eu estava ouvindo. As histórias tinham mais pontos em comum do que a mera resiliência; todas tinham a ver com espiritualidade.

De acordo com as pessoas que entrevistei, o verdadeiro alicerce dos "fatores de proteção" – aquilo que as levava a se reerguerem – era sua espiritualidade. Por espiritualidade não me refiro a religião ou teologia, mas a uma fé profunda e compartilhada. Com base nas entrevistas, eis como defino *espiritualidade*:

*Espiritualidade é reconhecer e celebrar que estamos todos intrinsecamente ligados uns aos outros por uma força maior do que todos nós, e que nossa conexão com essa força e uns com os outros tem como alicerces o amor e a compaixão. A prática da espiritualidade traz para nossa vida um sentimento de perspectiva, sentido e propósito.*

Sem exceção, a espiritualidade – a crença na conexão, em um poder maior do que o eu e em inter-relações baseadas no amor e na compaixão – emergiu como um componente da resiliência. A maioria das pessoas falou em Deus, mas nem todas. Algumas frequentavam igrejas de vez em quando, outras não. Algumas rezavam pescando, outras em templos, mesquitas ou em casa. Algumas tinham conflitos com o conceito de religião, outras eram membros devotos de religiões organizadas. O que todas tinham em comum era a espiritualidade como base de sua resiliência.

A partir dessa base de espiritualidade, surgiram outros três padrões significativos como essenciais à resiliência:

1. Cultivar a esperança.
2. Praticar a consciência crítica.
3. Libertar-se do entorpecimento e das tentativas de atenuar a vulnerabilidade, o desconforto e a dor.

Vamos dar uma olhada em cada padrão e ver como eles se relacionam com a resiliência e a espiritualidade.

## Esperança e impotência

Como pesquisadora, não consigo pensar em duas palavras mais mal compreendidas do que *esperança* e *poder*. Assim que percebi que a esperança é um componente importante da Vida Plena, comecei a investigar e descobri o trabalho de C. R. Snyder, uma antiga pesquisadora da Universidade do Kansas em Lawrence.[24] Como a maioria das pessoas, eu sempre havia pensado na esperança como um sentimento – uma sensação calorosa de otimismo e possibilidade. Estava enganada.

Foi um choque descobrir que esperança *não é* um sentimento: é um modo de pensar ou um processo cognitivo. Os sentimentos têm uma função de apoio, mas a esperança é, na verdade, um processo mental constituído pelo que Snyder chama de trilogia de metas, caminhos e ação.[25] Em termos bem simples, a esperança acontece quando:

- Temos a capacidade de estabelecer metas realistas (*Eu sei aonde quero ir*).
- Somos capazes de descobrir como alcançar essas metas, e também de nos mantermos flexíveis e desenvolver caminhos alternativos (*Eu sei como chegar lá, sou persistente e sou capaz de tolerar a decepção e tentar de novo*).
- Acreditamos em nós mesmos (*Eu sou capaz de fazer isto!*).

Portanto, a esperança é uma combinação do estabelecimento de metas com a tenacidade e a perseverança para ir atrás delas e a confiança nas próprias habilidades.

E, como se isso não fosse novidade suficiente, tem mais: esperança se aprende! Snyder sugere que aprendemos a pensar de modo esperançoso e voltado para objetivos no convívio com outras pessoas. É comum as crianças aprenderem a ter esperança com os pais. A pesquisadora diz que, para isso, elas precisam de relacionamentos caracterizados por limites, coerência e apoio. É motivador saber que possuo a capacidade de ensinar meus filhos a ter esperança. Não é uma questão de sorte. É uma escolha consciente.

Além do trabalho de Snyder sobre a esperança, descobri em minha pesquisa que homens e mulheres que se afirmam esperançosos valorizam consideravelmente a persistência e o trabalho árduo. A nova crença cultural de que tudo deve ser sempre *divertido*, *rápido* e *fácil* não é compatível com o pensamento esperançoso. E também nos programa para a desesperança. Quando vivenciamos algo difícil, que exige tempo e esforço, não tardamos a pensar: *Isto deveria ser fácil; não vale todo este esforço*, ou *Era para ser fácil;*

*só é difícil e lento porque não sou bom nisto*. A conversa esperançosa consigo mesmo é mais parecida com *Isto é difícil, mas eu consigo*.

Por outro lado, para aqueles (como eu) que tendem a crer que tudo que vale a pena tem que envolver dor e sofrimento, aprendi também que o *nunca divertido, rápido e fácil* é tão prejudicial para a esperança quanto o *sempre divertido, rápido e fácil*. Dada minha capacidade de perseguir um objetivo e não desistir até ele se render pelo cansaço, me ressenti de descobrir isso. Antes dessa pesquisa, eu acreditava que, se algo não envolvesse sangue, suor e lágrimas, não devia ser muito importante. Estava enganada. De novo.

Desenvolvemos uma mentalidade esperançosa quando compreendemos que certos esforços valiosos serão difíceis, demorados e nada agradáveis. A esperança também nos exige compreender que o simples fato de o caminho para alcançar uma meta ser *divertido, rápido e fácil* não significa que ele tenha menos valor que o caminho difícil. Se quisermos cultivar a esperança, teremos que nos dispor a ser flexíveis e a demonstrar perseverança. Nem todo objetivo é igual e traz a mesma sensação. A tolerância à decepção, a determinação e a fé em si mesmo estão no cerne da esperança.

Como professora universitária e pesquisadora, passo um tempo considerável com professores e diretores acadêmicos. Nos últimos dois anos, desenvolvi uma preocupação crescente com o fato de estarmos criando filhos pouco tolerantes à decepção e muito afeitos a privilégios, o que tem muito pouco a ver com ação. A crença no privilégio corresponde à ideia *Mereço isto porque eu quero*, ao passo que ação é *Eu posso fazer isto*. A combinação de medo de decepções, sentimento de privilégio e pressão sobre o desempenho é uma receita de desesperança e insegurança.

A desesperança é perigosa por conduzir à sensação de impotência. Tal como nos enganamos com a palavra *esperança*, é comum também pensarmos equivocadamente em *poder* como algo negativo. Não é. A melhor definição de *poder* vem de Martin Luther King Jr. Ele o descreveu como a capacidade de realizar mudanças. Se você questiona sua necessidade de poder, pense nisto: *Como você se sente quando acredita ser impotente para mudar alguma coisa na sua vida?*

A impotência é perigosa. Para a maioria de nós, a incapacidade de realizar mudanças é uma sensação aflitiva. Precisamos de resiliência, esperança e um espírito capaz de nos fazer enfrentar a dúvida e o medo. Temos que acreditar que podemos efetuar mudanças se quisermos viver e amar de todo o coração.

## *Praticar a consciência crítica*

A prática da consciência crítica equivale a checar a veracidade das mensagens e expectativas que alimentam as vozes maldosas que nos dizem que nunca somos bons o bastante. Do momento em que acordamos até a hora em que encostamos a cabeça no travesseiro, somos bombardeados por mensagens e expectativas sobre todos os aspectos da nossa vida. De anúncios de revistas a comerciais de TV, filmes e músicas, todos nos dizem exatamente como deve ser nossa aparência, quanto devemos pesar, com que frequência devemos ter relações sexuais, como devemos educar os filhos, como devemos decorar a casa e que carro devemos ter. Isso é absolutamente opressivo e, na minha opinião, ninguém está livre de ser afetado por essas mensagens. Tentar evitar as mensagens dos meios de comunicação é o mesmo que prender a respiração para evitar a poluição do ar – não funciona.

Está na nossa biologia acreditarmos no que vemos com nossos olhos. Isso torna muito perigoso viver em um mundo cuidadosamente editado, superproduzido e "photoshopado". Se quisermos cultivar um espírito resiliente e não nos tornarmos presas de uma comparação de nossa vida com imagens fabricadas, será preciso sabermos verificar a realidade daquilo que vemos. Precisaremos ser capazes de formular e responder a estas perguntas:

1. É real o que estou vendo? Essas imagens retratam a vida real ou uma fantasia?

2. Essas imagens refletem uma Vida Plena sadia ou transformam minha vida, meu corpo, minha família e meus relacionamentos em objetos e mercadorias?
3. Quem se beneficia com o fato de eu me sentir mal a respeito de mim ao ver essas imagens? *Dica: isto SEMPRE tem a ver com dinheiro e/ou controle.*

Além de ser essencial para a resiliência, a prática da consciência crítica é, na verdade, um dos quatro componentes da resiliência em relação à vergonha. A vergonha funciona como o zoom de uma câmera. Quando nos sentimos envergonhados, a câmera aproxima o zoom e tudo o que vemos é nosso eu falho, solitário e aflito. Pensamos com nossos botões: *Será que sou a única com pneuzinhos? A única que tem uma família bagunceira, barulhenta e descontrolada? A única que não está transando quatro vezes por semana (com um modelo da Calvin Klein)? Há algo errado comigo. Estou sozinha.*

Quando afastamos o zoom, começamos a ver um quadro totalmente diferente. Vemos muita gente com as mesmas dificuldades. Em vez de pensar *Só eu sou assim*, começamos a pensar: *Não acredito! Você também? Eu sou normal? Pensei que fosse só eu!* Quando começamos a enxergar o panorama geral, ficamos mais aptos a checar se os nossos gatilhos de vergonha e as mensagens de que nunca somos bons o bastante são verdadeiros.

Em minhas experiências como professora e pesquisadora da vergonha, encontrei perspicácia e sabedoria incríveis no trabalho de Jean Kilbourne e Jackson Katz. Tanto um quanto o outro estudam a relação de imagens dos meios de comunicação com problemas reais da sociedade, tais como violência, abuso sexual de crianças, pornografia e censura, masculinidade e solidão, gravidez na adolescência, vícios e distúrbios alimentares. Kilbourne escreve: "A propaganda é uma indústria de mais de 200 bilhões de dólares por ano. Cada um de nós é exposto a mais de 3 mil anúncios por dia. Ainda assim, surpreendentemente, a maioria de nós acredita não ser influenciada pela propaganda. Os comerciais vendem muito mais do que produtos. Vendem valores, imagens e conceitos de sucesso e merecimento, amor e sexualidade, popularidade e normalidade. Dizem-nos quem somos e quem devemos ser. Às vezes, vendem vícios."[26] Recomendo muito os DVDs de Kilbourne e Katz, que mudaram minha maneira de ver o mundo e a mim mesma. (O DVD mais recente de Jean Kilbourne é *Killing Us Softly 4*,[27] e o DVD de Katz é *Tough Guise: Violence, Media, and the Crisis in Masculinity*, ambos em inglês.)[28]

Como mencionei antes, a prática da espiritualidade traz perspectiva, sentido e propósito para nossa vida. Quando nos deixamos ser culturalmente condicionados a acreditar que não somos suficientes e não fazemos ou possuímos o bastante, isso prejudica nossa alma. É por isso que creio que praticar a consciência crítica e fazer o teste da realidade têm a ver tanto com espiritualidade quanto com pensamento crítico.

### *Entorpecer e cortar os espinhos*

Conversei com muitos participantes da pesquisa que enfrentavam dificuldades com seu senso de valor pessoal. Ao falarmos de como eles lidavam com sentimentos difíceis como vergonha, luto, medo, desespero, decepção e tristeza, ouvi repetidas vezes um discurso sobre a necessidade de entorpecer e atenuar os sentimentos que causam vulnerabilidade, desconforto e dor. Os participantes descreveram diversos comportamentos que adotavam para anestesiar o que sentiam ou para ajudá-los a evitar a dor. Alguns tinham plena consciência de que seus comportamentos possuíam um efeito anestésico, ao passo que outros não pareciam estabelecer essa ligação. Quando entrevistei sobre o mesmo tema os participantes que eu considero que levam uma Vida Plena, *eles falaram, sistematicamente, em procurar vivenciar os sentimentos, permanecer atentos aos comportamentos entorpecedores e tentar enfrentar o desconforto dos sentimentos difíceis.*

Percebi que essa era uma descoberta de importância crucial em minha pesquisa e, por isso, em centenas de entrevistas, tentei compreender melhor as consequências de anestesiar os sentimentos e entender de que modo esses comportamentos entorpecentes se relacionavam com os vícios. Eis o que aprendi:

1. Quase todos nos entregamos (conscientemente ou não) a comportamentos que nos ajudam a anestesiar e abrandar a vulnerabilidade, a dor e o desconforto.
2. O vício pode ser descrito como a prática crônica e compulsiva de entorpecer e atenuar os sentimentos.
3. Não podemos anestesiar seletivamente os sentimentos. Quando embotamos os sentimentos incômodos, embotamos também os que são positivos.

Os sentimentos mais intensos que experimentamos são como a ponta de um espinho. Quando nos espetam, causam incômodo e até dor. A simples expectativa ou o medo desses sentimentos provoca em nós uma vulnerabilidade intolerável. Sabemos que ela vai chegar. Para muitos de nós, a primeira reação à vulnerabilidade e à dor não é enfrentar o desconforto e tatear em busca da causa, mas acabar com ele. Fazemos isso anestesiando a dor com qualquer coisa que proporcione alívio mais rápido. Podemos nos anestesiar com um monte de coisas, entre elas álcool, drogas, comida, sexo, relacionamentos, dinheiro, trabalho, prestação de cuidados a outra pessoa, jogos de azar, atividade intensa, aventuras amorosas, caos, compras, planejamento, perfeccionismo, mudanças constantes e a internet.

Antes de conduzir esta pesquisa, eu achava que entorpecer e atenuar os sentimentos tinha a ver apenas com o vício, mas já não penso assim. Agora creio que todos fazemos isso, e que o vício está em adotar esse comportamento de modo crônico e compulsivo. No meu estudo, os homens e as mulheres que eu descreveria como totalmente engajados na Vida Plena não estavam imunes ao entorpecimento. A diferença principal era que eles estavam conscientes dos perigos de fazer isso e tinham desenvolvido a capacidade de enfrentar suas experiências de alta vulnerabilidade, atravessando-as pouco a pouco.

Eu definitivamente acredito que a genética e a neurobiologia podem desempenhar um papel crucial no vício e na dependência, mas acredito também que há inúmeras pessoas que procuram se entorpecer e se anestesiar e que não se encaixam tão bem no perfil da dependência como doença. Nem todos os vícios são iguais.

Quando iniciei minha pesquisa, estava muito familiarizada com o vício. Se você leu *Eu achava que isso só acontecia comigo*, ou se acompanha meu blog, deve saber que estou sóbria há quase quinze anos. Sempre fui bastante franca a respeito de minhas experiências, mas ainda não tinha escrito sobre elas com muitos detalhes porque, até começar a elaborar esta nova pesquisa sobre a Vida Plena, eu não as havia realmente compreendido.

Agora compreendo.

Minha confusão tinha origem no fato de eu nunca ter me sentido em completa sintonia com a comunidade da recuperação. A abstinência e os Doze Passos são princípios poderosos e profundamente importantes na minha vida, mas nem tudo no movimento da recuperação serve para mim. Por exemplo, milhões de pessoas devem a vida à força que extraem de dizer "Oi, eu sou fulano(a) e sou alcoólatra". Isso nunca funcionou para mim. Embora eu seja grata por minha sobriedade e tenha convicção de que ela mudou radicalmente a minha vida, dizer essas palavras sempre me trouxe uma sensação de impotência e me pareceu estranhamente falso.

Diversas vezes me perguntei se me sentia deslocada por ter largado muitas coisas ao mesmo tempo. Minha primeira madrinha não conseguia descobrir de que tipo de reunião eu precisava e ficou perplexa por meu "fundo do poço" não ter sido tão fundo assim (parei de beber porque queria aprender mais sobre meu verdadeiro eu, e minha persona baladeira me atrapalhava). Certa noite, ela me olhou e disse:

– Você tem um cardápio completo de vícios, um pouquinho de cada. Por via das dúvidas, o melhor seria parar de beber, fumar e comer demais, e de se envolver nos assuntos da família.

Eu me lembro de ter olhado para ela, largado o garfo no prato e retrucado:

– Ah, que ótimo! Acho que terei tempo de sobra para ir a todas as reuniões.

Nunca encontrei minha reunião. Parei de beber e de fumar no dia seguinte ao término de meu mestrado e passei por um número suficiente de reuniões para cumprir os Doze Passos e conseguir um ano de sobriedade.

Agora sei por quê.

Passei a maior parte da vida tentando fugir da vulnerabilidade e da insegurança. Não fui criada com as habilidades e as práticas afetivas necessárias para "enfrentar o desconforto", e assim, com o tempo, basicamente me tornei viciada em embotar os sentimentos. Mas não havia reuniões para lidar com isso. E, depois de umas experiências breves, aprendi que descrever o próprio vício dessa maneira em uma reunião não caía muito bem para os puristas.

Para mim, não foram apenas as pistas de dança, a cerveja gelada e os cigarros da juventude que fugiram do meu controle – foram o bolo de banana, os nachos com queijo, os e-mails, o trabalho, a ocupação contínua, a preocupação incessante, o planejamento, o perfeccionismo e qualquer outra coisa que pudesse embotar aqueles sentimentos angustiantes de vulnerabilidade, alimentados pela ansiedade.

Algumas amigas reagiram ao meu "sou viciada em embotar sentimentos" preocupando-se com os próprios hábitos: "Eu tomo duas taças de vinho toda noite, isso é ruim?", "Sempre faço compras quando estou estressada ou deprimida" e "Fico incomodadíssima quando não me mantenho ocupada".

Mais uma vez, após anos de pesquisa, estou convencida de que todos nos entorpecemos e procuramos atenuar os sentimentos. A pergunta é: será que _____ (comer, beber, gastar, apostar, salvar o mundo, fazer fofocas incessantes, ser perfeccionista, trabalhar sessenta horas por semana) atrapalha nossa autenticidade? Será que nos impede de ser afetivamente francos, de estabelecer limites e de acreditar que somos suficientes? Será que nos impede de evitar as críticas destrutivas e de nos sentirmos conectados? Será que usamos _____ para nos esconder ou para fugir da realidade de nossa vida?

Compreender meus comportamentos e sentimentos pelo aspecto da vulnerabilidade, não estritamente pelo aspecto do vício, mudou toda a minha vida. Também reforçou meu compromisso com a sobriedade, a abstinência, a saúde e a espiritualidade. Decididamente, posso dizer: "Olá, meu nome é Brené e hoje eu gostaria de lidar com a vulnerabilidade e a insegurança com um prato de bolinhos de maçã, uma cerveja e um cigarro, e passando sete horas no Facebook." Isso me soa desconfortavelmente franco.

## *Ao embotarmos a escuridão, embotamos a luz*

Em outra descoberta muito inesperada, minha pesquisa também me ensinou que não existe entorpecimento seletivo dos afetos. Existe todo um espectro de sentimentos humanos e, quando embotamos a escuridão, também embotamos a luz. Enquanto eu "cortava os espinhos" da dor e da vulnerabilidade, também estava embotando, sem querer, minhas experiências com sentimentos agradáveis, como a alegria. Olhando para trás, não consigo imaginar nenhuma descoberta de pesquisas que tenha mudado mais a minha vida cotidiana do que essa. Hoje posso mergulhar na alegria, mesmo quando isso faz com que eu me sinta frágil e vulnerável. Na verdade, espero me sentir assim.

A alegria é tão cheia de espinhos quanto qualquer sentimento sombrio. Amar alguém intensamente, acreditar em algo de todo o coração, comemorar um momento fugaz, manter total engajamento em uma vida que não oferece garantias, tudo isso são riscos que envolvem vulnerabilidade e, não raro, dor. Quando perdemos a tolerância ao desconforto, perdemos a alegria. De fato, as pesquisas sobre vícios mostram que uma experiência intensamente positiva tem a mesma probabilidade de causar recaídas que uma experiência intensamente dolorosa.[29]

Não podemos fazer uma lista de todos os sentimentos "ruins" e dizer "Vou entorpecer estes", depois listar os sentimentos positivos e dizer "Nestes vou entrar com tudo!". Você pode imaginar o círculo vicioso que isso cria: não sinto muita alegria, então não tenho uma reserva a que recorrer quando acontecem coisas sofridas. Estas machucam ainda mais, por isso as entorpeço. Entorpeço-as e, portanto, não vivencio a alegria. E assim por diante.

Falaremos mais da alegria no próximo capítulo. Por enquanto, como os espinhos começaram a ressurgir na minha vida, vou aprendendo que reconhecer e enfrentar o desconforto da vulnerabilidade nos ensina a viver com alegria, gratidão e bondade. Também estou aprendendo que esse enfrentamento incômodo e assustador precisa de espiritualidade e resiliência.

O mais difícil no que proponho neste capítulo é captado por uma pergunta que me fazem com frequência (principalmente meus colegas do mundo acadêmico): a espiritualidade é um componente necessário da resiliência? A resposta é *sim*.

Os sentimentos de desesperança, medo, culpa, dor, desconforto, vulnerabilidade e desconexão sabotam a resiliência. A única experiência que parece ampla e poderosa o bastante para combater uma lista dessas é a crença de que estamos todos no mesmo barco e de que algo maior do que nós tem a capacidade de introduzir amor e compaixão em nossas vidas.

Mais uma vez, não constatei nenhuma interpretação isolada de espiritualidade que domine o mercado da resiliência. Não se trata de religiões nem dogmas. Praticar a espiritualidade é o que traz a cura e cria a resiliência. Para mim, espiritualidade é a ligação com Deus, que eu encontro, na maioria das vezes, através da natureza, da comunidade e da música. Todos temos que definir espiritualidade de um modo que nos inspire.

Quer estejamos superando adversidades, sobrevivendo a traumas ou lidando com o estresse e a ansiedade, ter um senso de perspectiva, sentido e propósito na vida nos permite desenvolver a compreensão e seguir adiante. Sem essas três coisas, é fácil perdermos a esperança, embotarmos os sentimentos ou sermos oprimidos pelas circunstâncias. Nós nos sentimos diminuídos, menos capazes e perdidos diante das dificuldades. O cerne da espiritualidade é a conexão. Quando acreditamos nessa conexão intrínseca, não nos sentimos sós.

## *Recorra ao RIA*

**Reflexão**: Uma amiga querida aprendeu este lembrete maravilhoso de estabelecer intenções em uma reunião dos Doze Passos. Eu adorei!

- Fui abstêmio(a) hoje? (Seja lá como for que você defina abstinência; para mim isso é um pouco mais desafiador quando se refere a coisas como comida, trabalho e uso do computador.)
- Fiz exercícios hoje?
- O que eu fiz por mim hoje?
- O que eu fiz pelos outros hoje?
- Será que hoje estou me agarrando a um único sentimento, sem expressá-lo?
- Viva! Qual foi a coisa boa que aconteceu hoje?

**Inspiração**: Esta citação da escritora e pesquisadora Elisabeth Kübler-Ross me inspira: "As pessoas são como vitrais. Cintilam e reluzem enquanto o sol está no céu, mas, quando cai a escuridão, sua beleza só se revela quando há uma luz que vem de dentro." Acredito realmente que a luz interna que vi nas pessoas resilientes que entrevistei foi sua espiritualidade. Gosto muito da ideia de ser "iluminada por dentro".

**Ação:** Gosto de meditações e orações diárias. Para mim, às vezes a melhor maneira de entrar em ação é fazer uma prece silenciosa.

*Como você faz o seu RIA?*

## DIRETRIZ Nº 4

*Cultive a gratidão e a alegria:
liberte-se da escassez e do medo do escuro*

Mencionei, anteriormente, como fiquei surpresa ao ver que alguns conceitos de minha pesquisa emergiam aos pares ou em grupos. Essas "coleções de conceitos" criaram para mim grandes mudanças de paradigma, em termos de como penso em minha vida e nas escolhas que faço todos os dias.

Um bom exemplo disso é o modo como o amor e a sensação de pertencimento caminham juntos. Agora compreendo que, para vivenciar um verdadeiro senso de pertencimento, preciso pôr à mostra o meu eu verdadeiro, o que só posso fazer se praticar o amor-próprio. Durante anos, pensei que fosse o contrário: eu faria o que fosse preciso para me adequar e me sentir aceita e isso me levaria a gostar mais de mim. *(Só de digitar essas palavras e lembrar quantos anos passei vivendo dessa maneira, fico exausta. Não admira que eu tenha me sentido cansada por tanto tempo!)*

De muitas maneiras, esta pesquisa não apenas me ensinou novos modos de pensar em como desejo viver e amar, como também me ensinou a relação entre minhas experiências e minhas escolhas. Uma das mudanças mais profundas da minha vida se deu quando compreendi a relação entre gratidão e alegria. Eu sempre achara que as pessoas alegres eram gratas. Afinal, por que não seriam? Tinham todas aquelas coisas boas pelas quais agradecer. Mas, após horas incontáveis colhendo histórias sobre alegria e gratidão, emergiram três padrões marcantes:

- Sem exceção, todas as pessoas entrevistadas que disseram viver plenamente, ou que se descreveram como alegres, praticavam ativamente a gratidão e atribuíam sua alegria a essa prática de gratidão.
- A alegria e a gratidão foram descritas como práticas espirituais ligadas à crença na interconexão humana e em um poder superior a nós.
- As pessoas rapidamente apontaram a distinção entre felicidade e alegria como uma diferença entre um sentimento humano que está ligado às circunstâncias e uma forma espiritual de engajamento no mundo, ligada à gratidão praticante.

## Gratidão

Em matéria de gratidão, a palavra que se destacou ao longo de todo o processo de pesquisa foi *prática*. Outro pesquisador talvez não ficasse tão surpreso quanto eu, mas, como alguém que pensava que o conhecimento era mais importante do que a prática, descobri que essas palavras eram um convite à ação. Na verdade, posso dizer com segurança que o reconhecimento relutante da importância da prática desencadeou meu ~~Colapso~~ Despertar Espiritual de 2007.

Durante anos, confiei na ideia de uma "atitude de gratidão". Mas aprendi que atitude é uma orientação ou um modo de pensar, e que "ter uma atitude" nem sempre se traduz em um comportamento.

Por exemplo, seria razoável dizer que tenho uma atitude de ioga. Os ideais e as crenças que norteiam minha vida estão muito alinhados aos ideais e às crenças que associo ao ioga. Valorizo a atenção plena, a respiração e a ligação corpo-mente-espírito. Tenho até roupas de ioga. Mas posso lhe garantir que minha atitude e minhas roupas de ioga não significam nada se você me puser em um tapetinho e pedir que eu fique em alguma postura específica. Até este momento, enquanto estou aqui escrevendo este livro, nunca pratiquei ioga. Planejo mudar isso entre agora e o momento em que você estiver segurando este livro, mas até hoje nunca pus a atitude em ação. Portanto, ali no tapete, minha atitude de ioga não tem grande valor.

Então como seria a prática da gratidão? As pessoas que entrevistei falaram em escrever diários de gratidão, fazer meditações ou orações diárias de gratidão, criar peças artísticas sobre gratidão e até fazer uma pausa, durante seus dias atarefados e estressantes, para dizer estas palavras em voz alta: "Sou grato(a) por..." Quando as pessoas da Vida Plena falam em gratidão, há uma multiplicidade de verbos envolvidos.

Parece que a gratidão sem a prática é como a fé sem a obra – não tem vida.

## O que é alegria?

> *A alegria me parece estar um passo à frente da felicidade. Felicidade é uma espécie de atmosfera em que podemos viver, vez por outra, quando temos sorte.*
>
> *Alegria é uma luz que nos enche de esperança, fé e amor.*
>
> – Adela Rogers St. Johns

A pesquisa me ensinou que felicidade e alegria são experiências diferentes. Nas entrevistas, era comum as pessoas dizerem coisas como "O fato de eu ser alegre e grato não significa que esteja feliz o tempo todo". Em muitas ocasiões, investiguei mais a fundo esse tipo de afirmação, perguntando: "Como é estar alegre e grato(a), mas não feliz?" Todas as respostas foram parecidas: a felicidade está ligada às circunstâncias, enquanto a alegria está ligada ao espírito e à gratidão.

Também aprendi que nem a alegria nem a felicidade são constantes; ninguém se sente alegre ou feliz o tempo todo. As duas experiências vêm e vão. A felicidade está ligada a situações e eventos exteriores a nós e parece aumentar ou diminuir conforme essas circunstâncias surgem e desaparecem. Já a alegria parece estar constantemente presente no nosso coração pelo espírito e pela gratidão. Mas nossas experiências reais de alegria – aqueles sentimentos intensos de conexão e prazer espirituais – nos deixam em um profundo estado de vulnerabilidade.

Depois que essas diferenças apareceram em meus estudos, procurei descobrir o que outros pesquisadores tinham escrito sobre alegria e felicidade. Curiosamente, a explicação que melhor pareceu descrever minhas descobertas veio de uma teóloga.

Anne Robertson, pastora metodista, escritora e diretora executiva da Sociedade Bíblica de Massachusetts, explica que a origem grega das palavras *felicidade* e *alegria* guarda um importante significado para nós nos dias atuais. Ela explica que a palavra grega correspondente a *felicidade* é *makarios*, que era usada para descrever como os ricos eram livres das preocupações e dos cuidados normais, ou para descrever a pessoa que recebia alguma forma de dádiva, como dinheiro ou saúde. Anne compara isso à palavra grega correspondente a *alegria*, *chairo*, que era usada pelos gregos antigos para se referir ao "apogeu do ser" e ao "bom humor da alma". Ela escreve: "*Chairo*, dizem-nos os gregos antigos, é algo encontrado somente em Deus, e que vem com a virtude e a sabedoria. Não é uma virtude de principiante; ela vem como apogeu. Dizem que seu oposto não é a tristeza, e sim o medo."[30]

Precisamos de felicidade e de alegria. Acredito ser importante criar e reconhecer as experiências que nos deixam felizes. De fato, sou uma grande fã do livro *Projeto felicidade*, de Gretchen Rubin, e da pesquisa e do livro *Happier*, de Tal Ben-Shahar. Mas, além de criarmos felicidade em nossa vida, aprendi que precisamos cultivar as práticas espirituais que levam à alegria, principalmente a prática da gratidão. Eu gostaria de ter mais felicidade em minha vida, porém quero *viver* em um estado de gratidão e alegria. Para isso, acredito ser necessário examinarmos bem as coisas que atrapalham a gratidão e a alegria, e, em certa medida, até a felicidade.

## *Escassez e medo do escuro*

Na primeira vez que tentei escrever sobre o que atrapalha a gratidão e a alegria, estava sentada no sofá da minha sala, com o notebook do lado e meu diário de pesquisa nas mãos. Estava cansada e, em vez de escrever, passei uma hora olhando para as luzinhas pisca-pisca penduradas acima da passagem para a sala de jantar. Adoro essas lampadazinhas transparentes e cintilantes. Acho que deixam o mundo mais bonito e por isso as mantenho em casa o ano inteiro.

Enquanto permanecia ali, folheando as histórias e admirando as luzinhas, peguei uma caneta e escrevi isto:

> *As luzinhas pisca-pisca são a metáfora perfeita da alegria. A alegria não é constante. Chega a nós em momentos – no geral momentos comuns. Às vezes, perdemos as explosões de alegria por estarmos muito ocupados perseguindo momentos extraordinários. Em outras vezes, temos tanto medo do escuro que não nos atrevemos a nos permitir apreciar a luz.*
>
> *A vida alegre não é uma inundação de luz. Isso acabaria por se tornar insuportável.*
>
> *Creio que a vida alegre é feita de momentos alegres, graciosamente unidos por confiança, gratidão, inspiração e fé.*

Quem acompanha meu blog reconhecerá essa descrição como o mantra das minhas postagens sobre gratidão, que publico às sextas-feiras. Transformei essa passagem em um pequeno emblema, e parte da minha prática de gratidão é um artigo semanal sobre aquilo em que *confio*, aquilo pelo qual sou *grata*, o que me *inspira* e meu modo de praticar minha *fé*. É incrivelmente marcante ler os comentários de todos.

Alegria e gratidão podem ser experiências muito intensas e nos deixar muito vulneráveis. Somos pessoas ansiosas, e em geral temos pouquíssima tolerância à vulnerabilidade. Nosso medo e nossa ansiedade podem se manifestar como escassez. Pensamos com nossos botões:

- *Não me permitirei sentir esta alegria porque sei que ela não vai durar.*
- *Reconhecer como me sinto grato(a) é um convite à desgraça.*
- *Prefiro não ter alegria a ter que esperar pela decepção que virá depois.*

### Medo do escuro

Sempre tive inclinação para a preocupação e a ansiedade, mas, depois que me tornei mãe, tentar encontrar o equilíbrio entre alegria, gratidão e escassez passou a me parecer um trabalho em tempo integral. Durante anos, meu medo de que acontecesse algo terrível com meus filhos me impediu de aceitar plenamente a alegria e a gratidão. Toda vez que chegava muito perto de me derreter de pura alegria por meus filhos e meu grande amor por eles, eu imaginava algo horrível acontecendo; imaginava perder tudo em uma fração de segundo.

No começo, achei que estava maluca. Será que eu era a única pessoa no mundo que agia assim? À medida que minha terapeuta e eu começamos a trabalhar a questão, percebi que minha sensação "bom demais para ser verdade" estava totalmente relacionada com o medo, a escassez e a vulnerabilidade. Sabendo que esses são sentimentos praticamente universais, tomei coragem para falar de minhas experiências com um grupo de quinhentos pais que compareceram a uma das minhas palestras sobre criação de filhos. Dei o exemplo de uma ocasião em que estava observando minha filha dormir, me sentindo totalmente imersa na gratidão, e logo fora arrancada daquele sentimento por imagens de algo ruim acontecendo com ela.

Dava para ouvir um alfinete caindo. Pensei comigo mesma: *Ai, meu Deus! Eu sou maluca, e agora estão todos sentados aí, pensando "Ela é doida. Como fazemos para fugir daqui?"*. E então, de repente, ouvi o som de uma mulher que começava a chorar, no fundo do auditório. E não era um choro contido. Ela chorava de soluçar. Em seguida, alguém na frente gritou: "Ah, meu Deus! Por que nós fazemos isso? O que isso quer dizer?" O auditório embarcou em uma espécie de frenesi parental. Como eu suspeitara, não estava sozinha.

A maioria de nós já experimentou estar à beira da alegria e, logo em seguida, ser tragada pela vulnerabilidade e lançada no medo. Enquanto não conseguirmos tolerar a vulnerabilidade e transformá-la em gratidão, frequentemente os sentimentos intensos de amor trarão o medo da perda. Se eu tivesse que resumir o que aprendi sobre medo e alegria, diria o seguinte:

*A escuridão não destrói a luz, mas a define. É nosso medo do escuro que lança nossa alegria nas sombras.*

### Escassez

Vivemos uma época de ansiedade e medo, e ambos geram escassez. Temos medo de perder aquilo que mais amamos e odiamos o fato de não existir garantias. Achamos que não ser gratos e não sentir alegria farão as coisas doerem menos. Achamos que, se conseguirmos vencer a vulnerabilidade imaginando a perda, sofreremos menos. Estamos errados. Existe, sim, uma garantia: se não praticarmos a gratidão e não nos permitirmos conhecer a alegria, estaremos perdendo as duas coisas que de fato poderiam nos sustentar nas inevitáveis dificuldades.

O que acabo de descrever é a escassez de segurança, ou incerteza, mas existem outros tipos de escassez. Minha amiga Lynne Twist publicou um livro incrível, intitulado *The Soul of Money*, no qual abordou o mito da escassez. Ela escreveu:

Para mim e para muitos de nós, o primeiro pensamento do dia é "não dormi o suficiente". O pensamento seguinte é "não tenho tempo suficiente". Verdadeira ou não, a noção de insuficiência nos ocorre de modo automático, antes mesmo que pensemos em questioná-la ou examiná-la. Passamos a maior parte das horas e dos dias ouvindo, explicando, reclamando ou nos preocupando por não termos o suficiente disto ou daquilo. Não nos exercitamos o suficiente. Não temos trabalho suficiente. Não temos lucros suficientes. Não temos poder suficiente. Não temos espaço suficiente. Não temos fins de semana suficientes. É claro que nunca temos dinheiro suficiente... nunca.

Não somos magros o suficiente, não somos inteligentes o suficiente, não somos bonitos o suficiente, não somos sarados nem instruídos nem bem-sucedidos nem ricos o suficiente... nunca. Antes mesmo de nos levantarmos da cama, antes que nossos pés toquem o chão, já somos inadequados, já ficamos para trás, já estamos perdendo, já nos falta alguma coisa. E à noite, quando vamos dormir, nossa cabeça remói uma ladainha de coisas que não conseguimos ou não fizemos naquele dia. Vamos dormir atormentados por essas ideias e acordamos em um devaneio de escassez... O que começa como uma simples expressão da vida corrida, ou mesmo da vida difícil, cresce até se transformar na grande desculpa para uma vida sem realização.[31]

Quando leio essa passagem, fica totalmente claro para mim por que somos uma nação sedenta de mais alegria: é porque sofremos de falta de gratidão. Lynne diz que lidar com a escassez não significa buscar a abundância, mas optar por uma mentalidade de suficiência:

Em qualquer situação, cada um de nós tem a opção de recuar e abandonar a mentalidade de escassez. Quando deixamos de lado a escassez, descobrimos a surpreendente verdade da suficiência. Por suficiência não me refiro à quantificação de alguma coisa. A suficiência não é algo dois degraus acima da linha da pobreza nem um degrau abaixo da abundância. Não se trata de uma medida. Suficiência de modo algum é uma quantidade. É uma experiência, um contexto que geramos, uma declaração, a noção de que existe o bastante e que somos suficientes.

A suficiência reside dentro de cada um de nós e podemos ativá-la. É uma consciência, um estado mental, uma escolha intencional de nosso modo de pensar em nossa situação.[32]

A escassez também é um ótimo combustível para as vozes maldosas em nossa cabeça. Na minha pesquisa anterior sobre a vergonha, e também na mais recente, percebi quantos se deixam levar pela ideia de que as coisas precisam ser extraordinárias para trazer alegria. Em *Eu achava que isso só acontecia comigo*, escrevi: "Parecemos medir o valor das contribuições das pessoas (e, às vezes, sua vida inteira) pelo nível de reconhecimento público que obtiveram. Em outras palavras, o valor está sendo medido pela fama e pela fortuna. Nossa cultura é rápida em descartar homens e mulheres comuns, discretos e trabalhadores. Em muitos casos, igualamos o adjetivo *comum* a *chato*, ou, ainda mais perigoso, *comum* se tornou sinônimo de *sem sentido*."[33]

Creio que meu maior aprendizado sobre o valor das coisas comuns veio das entrevistas com homens e mulheres que vivenciaram golpes terríveis, como a perda de um filho, a violência, o genocídio e o trauma. As lembranças que eles consideravam mais sagradas eram de momentos comuns, cotidianos. Ficou claro que essas lembranças eram formadas a partir de uma coleção de acontecimentos corriqueiros e que a esperança dessas pessoas em relação às outras era que parassem um instante para se sentirem gratas por aqueles momentos e pela alegria que eles lhes proporcionaram. A escritora e líder espiritual Marianne Williamson disse: "Alegria é o que nos acontece quando nos permitimos reconhecer como as coisas são realmente boas."

## *Recorra ao RIA*

**Reflexão**: Quando estou afundando no medo e na escassez, tento convocar a alegria e a suficiência, reconhecendo o medo e o transformando em gratidão. Digo em voz alta: "Estou me sentindo vulnerável. Tudo bem. Sou grata por _____." Fazer isso certamente aumenta minha capacidade de sentir alegria.

**Inspiração**: Eu me inspiro nas doses diárias da alegria que acontece nos momentos comuns, como ir a pé com meus filhos da escola para casa, pular no trampolim e fazer refeições com a família. Reconhecer que são esses momentos que realmente importam na vida mudou minha visão do trabalho, da família e do sucesso.

**Ação:** Desde nos alternarmos para fazer uma prece de agradecimento antes das refeições até nossa participação em projetos mais criativos, como criar um pote para guardar bilhetes de gratidão, fazemos da Vida Plena um assunto de família.

*Como você faz o seu RIA?*

# DIRETRIZ Nº 5

## *Cultive a intuição e a fé confiante: liberte-se da necessidade da certeza*

Tudo neste processo de pesquisa me levou por caminhos que eu nunca havia imaginado. Isso se aplica especialmente a temas como fé, intuição e espiritualidade. Quando a importância da intuição e da fé emergiu como um padrão-chave da Vida Plena, eu me encolhi um pouco. Mais uma vez, tive a sensação de que minhas grandes amigas – a lógica e a razão – estavam sendo atacadas. Lembro-me de ter dito ao Steve:

– Agora são intuição e fé. Acredita?

Ele respondeu:

– Fico admirado por você se surpreender. Você trabalha com fé e intuição o tempo todo.

Seu comentário me pegou desprevenida. Eu me sentei a seu lado e disse:

– É, sei que sou uma pessoa do tipo fé e intuição, mas acho que não sou muito intuitiva. Veja esta definição do dicionário: "Intuição é a percepção direta de uma verdade ou um fato, independentemente de qualquer processo de raciocínio."[34]

Steve riu.

– Então talvez essa definição não seja adequada ao que você está aprendendo com a pesquisa. Você vai escrever uma nova definição. Não será a primeira vez.

Passei um ano concentrada na intuição e na fé. Fiz entrevistas e colhi relatos para tentar compreender, com a cabeça e o coração, o que significa cultivar a intuição e confiar na fé. Fiquei surpresa com o que aprendi.

## *Intuição*

A intuição não é independente de processos de raciocínio. Na verdade, os psicólogos acreditam que ela é um processo inconsciente e acelerado de associação – como um quebra-cabeça mental.[35] O cérebro observa algo, pesquisa em seus arquivos e combina a observação com as lembranças, os conhecimentos e as experiências existentes. Quando junta uma série de combinações, temos uma "intuição" do que foi observado.

Às vezes, nossa intuição ou nosso palpite nos diz o que precisamos saber. Em outras ocasiões, ela efetivamente nos conduz à busca dos fatos e ao raciocínio. Como se vê, a intuição pode ser aquela voz interna silenciosa, mas essa voz não se limita a uma única mensagem. Há momentos em que nossa intuição sussurra "Siga seu instinto". Em outros, grita: "Você precisa verificar isso. Não temos informações suficientes!"

Na minha pesquisa, descobri que o que silencia a voz intuitiva é nossa necessidade de certeza. A maioria de nós não é muito boa em matéria de não saber. Gostamos tanto de fatos concretos e garantias que não prestamos atenção aos resultados do processo de combinações do nosso cérebro.

Por exemplo, em vez de respeitarmos uma forte intuição, ficamos temerosos e procuramos confirmação nos outros:

- "O que você acha?"
- "Devo fazer isso?"
- "Você acha que é boa ideia ou acha que vou me arrepender?"
- "O que você faria?"

Uma resposta típica a perguntas desse tipo é: "Não tenho certeza do que você deve fazer. *O que sua intuição está dizendo?*"

E é isto mesmo: *o que sua intuição está dizendo?*

Balançamos a cabeça e dizemos "Não tenho certeza", quando a verdadeira resposta é "Não faço ideia do que minha intuição está dizendo. Faz anos que não conversamos".

Quando começamos a pedir a opinião dos outros, muitas vezes é por não confiarmos no nosso conhecimento. Ele parece muito incerto e duvidoso. Queremos garantias e alguém com quem possamos dividir a culpa se as coisas não derem certo. Sei tudo sobre isso. Sou profissional em pedir a opinião dos outros – para mim, às vezes é difícil resolver algo sozinha. Quando estou para tomar uma decisão difícil e me sinto desconectada da minha intuição, tendo a pedir a opinião de todos que me cercam. Ironicamente, desde que fiz esta pesquisa, pedir opiniões se tornou um sinal de alerta para mim – que me avisa que estou me sentindo vulnerável a respeito de uma decisão.

Como já mencionei, se aprendermos a confiar na nossa intuição, ela poderá até nos dizer que não temos informações suficientes sobre algo e que precisamos de mais dados. Outro exemplo de como nossa necessidade de certeza sabota nossa intuição é quando ignoramos os avisos de nossos pressentimentos se eles nos dizem para ir devagar, colher mais informações ou verificar se nossas expectativas correspondem à realidade:

- "Vou fazer isso e pronto, não quero mais saber."
- "Estou cansado(a) de pensar nisso. É muito estressante."
- "Prefiro fazer logo a esperar mais um segundo."
- "Não suporto não saber."

Quando tomamos grandes decisões precipitadamente, pode ser por não querermos saber as respostas que podem surgir se fizermos a devida averiguação. Sabemos que o levantamento dos fatos pode nos afastar daquilo que pensamos querer.

Sempre digo a mim mesma: "Se estou com medo de fazer as contas ou de colocar as ideias no papel, não devo ir adiante." Quando só queremos nos livrar logo do processo decisório, é bom nos perguntarmos se simplesmente não suportamos a vulnerabilidade de ficar parados por tempo suficiente para levar o raciocínio até o fim e tomar uma decisão consciente.

Portanto, como você vê, intuição nem sempre é acessar as respostas que vêm de dentro. Às vezes, quando recorremos à nossa sabedoria interior, ela nos diz que não temos conhecimento suficiente para decidir sem investigar mais os fatos. Eis a definição que criei a partir da pesquisa:

> *A intuição não é um modo único de conhecer – é nossa capacidade de manter aberto o espaço da incerteza e nossa disposição de confiar nas muitas maneiras de desenvolvermos a sabedoria e a percepção, que incluem o instinto, a experiência, a fé e a razão.*

### *Fé*

Cheguei à conclusão de que fé e razão não são inimigas naturais. Foi a necessidade humana de segurança e de "estar certo" que jogou a fé contra a razão de um modo quase temerário. Nós nos obrigamos a escolher e defender uma forma de conhecer o mundo em detrimento de outra.

Entendo que fé e razão podem entrar em conflito e criar tensões incômodas – tensões que atuam na minha vida e que sinto em meu âmago. Mas este trabalho me forçou a ver que é nosso medo do desconhecido e de estarmos errados que cria a maior parte dos conflitos e da ansiedade. Precisamos da fé e da razão para dar sentido ao que se passa em um mundo inseguro.

Não sei dizer quantas vezes ouvi as expressões "ter fé" e "minha fé" nas entrevistas com homens e mulheres que vivem a jornada da Vida Plena. No início, pensei que fé significasse "existe uma razão para tudo". Pessoalmente, eu ficava em conflito com isso, pois não me sinto à vontade em usar Deus, a fé ou a espiritualidade para explicar a tragédia. É como se a fé fosse substituída pela certeza quando se diz que "tudo tem sua razão de ser".

Mas logo aprendi, com base nas entrevistas, que a fé significava outra coisa para essas pessoas. Eis como defino *fé* a partir da minha pesquisa:

*A fé é um lugar de mistério em que encontramos coragem para acreditar no que não podemos ver e força para nos libertarmos do nosso medo da incerteza.*

Também aprendi que nem sempre os cientistas entram em conflito com a fé, ou os religiosos aceitam integralmente a incerteza. Muitas formas de fundamentalismo e extremismo consistem em escolher a certeza em vez da fé.

Gosto muito desta citação do teólogo Richard Rohr: "Meus amigos cientistas apareceram com coisas como 'princípio da incerteza' e buracos negros. Dispõem-se a viver dentro de teorias e hipóteses imaginadas. No entanto, muitos religiosos insistem em *respostas* que são *sempre* verdadeiras. Gostamos da definição, da resolução e da clareza, ao mesmo tempo que nos dizemos pessoas de 'fé'! É estranho que a própria palavra 'fé' tenha passado a significar seu oposto."[36]

A fé é essencial quando decidimos viver e amar de todo o coração em um mundo em que a maioria quer garantias antes de se arriscar a ficar vulnerável e se machucar. Para dizer "Vou me engajar de todo o coração na minha vida", é necessário crer sem ver.

## Recorra ao RIA

**Reflexão**: Libertar-me da certeza é um de meus maiores desafios. Tenho até uma reação física ao "não saber": uma combinação de ansiedade, medo e vulnerabilidade. Nesses momentos, tenho que ficar muito quieta e em silêncio. Com meus filhos e minha vida atarefada, isso pode significar me esconder na garagem ou dar uma volta de carro no quarteirão. Seja como for, preciso encontrar um modo de ficar sossegada, para poder ouvir o que estou dizendo.

**Inspiração**: O processo de recuperar minha vida espiritual e minha fé não foi fácil (daí o ~~Colapso~~ Despertar Espiritual de 2007). Li uma citação que me abriu o coração. É de um livro de Anne Lamott: "O oposto da fé não é a dúvida, mas a certeza."[37] Seus livros sobre fé e bondade me inspiram.[38] Eu me sinto inspirada e agradecida por *When the Heart Waits*, de Sue Monk Kidd,[39] e por *Comfortable with Uncertainty*, de Pema Chödrön.[40] Esses livros me salvaram. E, por fim, adoro esta citação de *O alquimista*, de Paulo Coelho: "Os pressentimentos eram os rápidos mergulhos que a alma dava nesta corrente Universal de vida, onde a história de todos os homens está ligada entre si, e podemos saber tudo, porque tudo está escrito."[41]

**Ação**: Quando estou realmente assustada ou insegura, preciso imediatamente de algo que acalme minha ânsia de certeza. Para mim, a Oração da Serenidade resolve: *Senhor, dai-me serenidade para aceitar as coisas que não posso mudar, coragem para mudar aquelas que podem ser modificadas e sabedoria para reconhecer a diferença. Amém!*

*Como você faz o seu RIA?*

# DIRETRIZ Nº 6

## *Cultive a criatividade:*
## *liberte-se das comparações*

Algumas de minhas melhores lembranças infantis envolvem a criatividade, e quase todas provêm dos anos em que moramos em Nova Orleans, em uma casa geminada e despretensiosa de dois andares, revestida de estuque cor de rosa e situada a alguns quarteirões da Universidade Tulane. Eu me recordo de passar horas com minha mãe pintando chaveiros de madeira em forma de tartarugas e caramujos, e de fazer artesanato com feltro e paetês com minhas amigas.

Tenho vívida a imagem de minha mãe e suas amigas, com suas calças boca de sino, voltando do mercado e preparando chuchu recheado e outros pratos deliciosos. Para mim, era tão fascinante ajudá-la na cozinha que, em uma tarde de domingo, ela e meu pai me deixaram cozinhar sozinha. Disseram que eu podia fazer o que quisesse, com os ingredientes que escolhesse. Fiz biscoitos de aveia com passas. Com temperos para ensopado de lagostim em vez de canela. A casa inteira ficou cheirando mal durante dias.

Mamãe também gostava de costurar. Fazia vestidos combinados para nós duas usarmos (assim como minha boneca, que também tinha o seu). Para mim, é muito estranho que todas essas lembranças que envolvem atividades criativas sejam tão reais e palpáveis – quase posso senti-las e cheirá-las. Elas também têm um significado muito terno.

Infelizmente, minhas memórias da infância terminam nos meus 8 ou 9 anos. Na verdade, não tenho uma só lembrança de algo que envolvesse criatividade depois dos 5 anos, mais ou menos. Foi nessa mesma época que nos mudamos de nossa casinha no Garden District para um casarão nos arredores de Houston. Tudo pareceu mudar. Em Nova Orleans, todas as paredes da casa eram cobertas de obras de arte feitas por minha mãe, por algum parente ou por nós, crianças, e cada janela era adornada por cortinas feitas em casa. Talvez tenha sido por necessidade, mas para mim eram lindas.

Em Houston, eu entrava na casa de alguns de meus novos vizinhos e achava que a sala de estar deles parecia o saguão de algum hotel refinado. Havia cortinas longas e pesadas, sofás enormes com poltronas combinando e mesas de vidro brilhantes. Havia trepadeiras de plástico estrategicamente dispostas sobre cristaleiras, e flores secas em cestas decorando o centro das mesas. Estranhamente, as salas de estar de todos me pareciam meio iguais.

Enquanto as casas eram todas parecidas e elegantes, a escola era outra história. Em Nova Orleans, eu frequentava um colégio católico e todo mundo parecia igual, rezava igual e, quase sempre, agia igual. Em Houston, entrei em uma escola pública, o que significou o fim dos uniformes. Nessa nova escola, roupas bonitas eram importantes. E não roupas bonitas feitas em casa, mas compradas "no shopping".

Em Nova Orleans, meu pai trabalhava de dia e cursava direito à noite na Universidade Loyola. Lá nossa vida tinha sempre um jeito casual e divertido. Quando chegamos a Houston, papai passou a se vestir em um estilo mais formal todas as manhãs e a pegar a condução com todos os outros pais da vizinhança para trabalhar em uma empresa de petróleo e gás. As coisas mudaram e, em muitos sentidos, aquela mudança pareceu significar uma transformação fundamental para nossa família. Meus pais foram lançados no mundo das realizações e aquisições, e a criatividade deu lugar à sufocante combinação de adequação e superação, o que também é conhecido como comparação.

Comparação tem tudo a ver com conformidade e competição. A princípio, essas duas coisas podem parecer mutuamente excludentes, mas não são. Quando fazemos uma comparação, queremos ver quem ou o que é melhor em uma coleção específica de "coisas parecidas". Podemos comparar, por exemplo, nossa forma de educar os filhos com a de outros pais que têm valores ou tradições totalmente diferentes dos nossos. Mas as comparações que nos deixam realmente irritados são aquelas que fazemos com os vizinhos da casa ao lado, ou com os colegas do time de futebol dos filhos, ou na escola. Não comparamos nossa casa com as mansões do outro lado da cidade; comparamos nosso quintal com os quintais do nosso quarteirão. Quando comparamos, queremos ser os melhores ou possuir o melhor no nosso grupo.

A imposição de comparar torna-se um paradoxo opressivo: "Enquadre-se e destaque-se!" Não é para cultivar a autoaceitação, o pertencimento e a autenticidade. É para ser igual a todo mundo, mas melhor.

É simples ver como é difícil arranjar tempo para coisas importantes como a criatividade, a gratidão, a alegria e a autenticidade quando se está gastando enormes quantidades de energia para chegar à conformidade e competir. Agora entendo por que minha querida amiga Laura Williams sempre diz: "A comparação é o ladrão da felicidade." Nem sei dizer quantas vezes estou me sentindo muito bem comigo mesma, com minha vida e minha família e, de repente, em uma fração de segundo, vai tudo por água abaixo porque, consciente ou inconscientemente, começo a me comparar com outras pessoas.

No que tange à minha história, à medida que eu ia ficando mais velha, menos valor dava à criatividade e menos tempo passava criando. Quando me perguntavam sobre artesanato, arte ou criação, eu recorria à resposta-padrão: "Não sou do tipo criativo." Mas, com meus botões, eu pensava: *Quem tem tempo para pintar e fazer álbuns de recortes e fotografias quando o verdadeiro trabalho de realizar e conquistar precisa ser feito?*

Quando cheguei aos 40 anos e comecei a trabalhar nesta pesquisa, meu desinteresse pela criatividade tinha se transformado em desdém. Não sei bem se classificaria meus sentimentos relativos à criatividade como estereótipos negativos, gatilhos de vergonha ou uma combinação dos dois, mas a situação chegou a um ponto em que me pareceu que a criação pela criação era autocondescendente, na melhor das hipóteses, ou excêntrica, na pior.

É claro que, do ponto de vista profissional, sei que quanto mais reativos e inflexíveis somos a respeito de uma questão, mais precisamos investigar nossas reações. Quando olho para trás com meu novo olhar, penso que lembrar quanta falta eu sentia daquela parte da minha vida teria sido muito perturbador ou doloroso.

Nunca pensei que depararia com algo forte o bastante para me arrancar de minhas crenças arraigadas sobre a criatividade. E, então, veio esta pesquisa...

Deixe-me resumir o que aprendi sobre criatividade no mundo dos que vivem e amam de todo o coração:

1. Dizer "Não sou muito criativo(a)" não faz sentido. Não existe essa regra de que algumas pessoas são criativas e outras não. Existem apenas pessoas que usam sua criatividade e outras que não usam. A criatividade não utilizada não desaparece, simplesmente. Vive dentro de nós até ser expressada, ou negligenciada até a morte, ou sufocada pelo ressentimento e pelo medo.
2. As únicas contribuições originais que um dia faremos ao mundo nascerão da nossa criatividade.
3. Se quisermos fazer algo significativo, precisamos fazer arte. Cozinhar, escrever, desenhar, rabiscar, pintar, criar álbuns, tirar fotos, fazer colagens, tricotar, consertar motores, esculpir, dançar, decorar, representar, cantar – não importa o que seja. Desde que criemos, estaremos cultivando propósito.

Exatamente um mês depois de eu elaborar meus dados sobre a criatividade, me matriculei em um curso de pintura de cabaças. Não estou brincando. Fui com minha mãe e a Ellen, e aquele foi um dos melhores dias da minha vida.

Pela primeira vez em décadas, comecei a criar. E não parei mais. Fiz até um curso de fotografia. E talvez isto soe clichê, mas o mundo já nem me parece o mesmo. Vejo beleza e potencial em tudo – no meu jardim, em um ferro-velho, em uma revista antiga, em toda parte.

Tem sido uma transição emocionante para mim e para minha família. Meus dois filhos gostam muito de arte e vivemos nos dedicando a projetos familiares. Steve e eu somos viciados no Mac e adoramos fazer filmes juntos. Recentemente, Ellen nos disse que quer ser chef de cozinha ou "artista da vida", como minha amiga Ali Edwards, que é uma inspiração para nós duas. No momento, o Charlie está gostando muito de pintar e tem vontade de abrir uma loja de meleca (o que é criativo e empreendedor).

Também percebi que muito do que faço no trabalho é atividade criativa. O escritor William Plomer descreveu a criatividade como "o poder de conectar o que é aparentemente desconexo". Todo o meu trabalho tem a ver com fazer conexões, portanto, parte da minha transformação consistiu em assumir e celebrar minha criatividade existente.

Libertar-se da comparação não é um item de uma lista de tarefas. Para a maioria de nós, é algo que requer atenção constante. É muito fácil desviarmos os olhos do nosso caminho para verificar o que os outros estão fazendo e se estão à nossa frente ou atrás de nós. A criatividade, que é a expressão da nossa originalidade, nos ajuda a ter em mente que aquilo que trazemos ao mundo é completamente original e não pode ser comparado. E, sem comparação, conceitos como *à frente* ou *atrás* e *melhor* ou *pior* perdem o significado.

### *Recorra ao RIA*

**Reflexão:** Se a criatividade for vista como um luxo, ou como algo que fazemos nos nossos momentos livres, ela nunca será cultivada. Arranjo tempo toda semana para tirar e revelar fotografias, fazer filmes e executar projetos de arte com as crianças. Quando faço da criação uma prioridade, tudo em minha vida funciona melhor.

**Inspiração**: Nada me inspira mais do que minha amizade com os Lovebombers, um grupo de pintores, escritores e fotógrafos que conheci na internet e com quem passo um fim de semana todo ano. Creio que é muito importante fazer parte de uma comunidade de pessoas de espírito afim e que compartilhe nossas crenças sobre a criatividade.

**Ação**: Faça uma aula. Arrisque-se a se sentir vulnerável, novo(a) e imperfeito(a). Existem cursos maravilhosos on-line, se você precisar de mais flexibilidade. Experimente algo que o(a) assuste, ou que você sempre tenha sonhado tentar. Nunca se sabe onde você encontrará sua inspiração criativa.

*Como você faz o seu RIA?*

## DIRETRIZ Nº 7

*Cultive a brincadeira e o descanso: liberte-se da crença de que exaustão é símbolo de status e produtividade é sinônimo de valor pessoal*

À s vezes, quando entrevistava pessoas para minha pesquisa, eu me sentia uma alienígena – uma visitante tentando desvendar os costumes e hábitos de pessoas que levavam vidas incrivelmente diferentes da minha, ao que parecia. Houve muitos momentos embaraçosos em que tive dificuldade de entender o que faziam *eles, os que viviam plenamente*, e por quê. Às vezes, os conceitos me eram tão estranhos que eu não tinha palavras para designá-los. Vejamos um desses momentos.

Lembro-me de ter dito a uma de minhas colegas:
– Essas pessoas da Vida Plena se divertem à beça.
Ela riu e perguntou:
– Se divertem à beça? Como assim?
Dei de ombros e falei:
– Sei lá. Elas se entretêm e... não sei que nome dar a isso. Elas se encontram e fazem coisas divertidas.
Ela pareceu confusa:
– Que tipo de coisas divertidas? Hobbies? Artesanato? Esportes?
– Sim – respondi. – Mais ou menos isso, mas não de uma forma muito organizada. Terei que investigar um pouco mais.
Hoje relembro essa conversa e penso: *Como foi que não reconheci o que*

*estava vendo?* Será que estava tão distante desse conceito que não consegui reconhecê-lo?

Era *brincar*! A brincadeira é um componente de importância crucial na Vida Plena!

Eu me dei conta disso ao observar meus filhos e reconhecer neles os mesmos comportamentos lúdicos que eram descritos pelos homens e mulheres que eu entrevistava. Aquelas pessoas brincavam.

A pesquisa do conceito de brincadeira teve um começo tumultuado. Uma coisa que aprendi muito rápido foi: *não* pesquise "brincadeiras de adultos" no Google. Os *pop-ups* de pornografia se abriam mais depressa do que eu conseguia fechá-los.

Depois de me recuperar dessa busca desastrosa, tive a sorte de achar o trabalho do Dr. Stuart Brown, psiquiatra, pesquisador clínico e fundador do National Institute for Play (Instituto Nacional do Brincar). Ele é também autor de um livro maravilhoso intitulado *Play: How It Shapes the Brain, Opens the Imagination, and Invigorates the Soul* (em tradução livre, "O lúdico: como ele molda o cérebro, abre a imaginação e revigora a alma").[42]

Com base nas próprias pesquisas e nos últimos avanços da biologia, da psicologia e da neurologia, o Dr. Brown explica que brincar molda nosso cérebro, nos ajuda a promover empatia, a transitar por grupos sociais complexos, e está no cerne da criatividade e da inovação.

Se você está se perguntando por que a brincadeira e o descanso foram reunidos nesta diretriz, a resposta é que, depois de ler a pesquisa sobre o brincar, agora entendo que ele é tão essencial para nossa saúde e nosso funcionamento quanto o repouso.

Portanto, se você é como eu, vai indagar: "O que é o brincar, exatamente?" O Dr. Brown propõe sete propriedades. De acordo com a primeira delas, brincar, aparentemente, não tem nenhum propósito. Isso quer dizer, basicamente, que brincamos pelo prazer de brincar. Porque é divertido e porque queremos.

Bem, é aí que entra meu trabalho de pesquisadora da vergonha. Na cultura atual – na qual nossa autoestima está ligada ao valor do nosso patrimônio e na qual baseamos nosso senso de valor pessoal em nosso nível de produtividade –, é raro gastarmos tempo exercendo atividades sem objetivo. Na verdade, para muitos isso soa como uma crise de ansiedade anunciada.

Temos tanto que fazer e tão pouco tempo que a ideia de passá-lo fazendo algo não relacionado com o rol de tarefas cria tensão. Nós nos convencemos de que brincar é um monumental desperdício de tempo. Chegamos até a nos convencer de que o sono é um péssimo uso do nosso tempo.

Temos que *dar conta do recado*! Não importa se nosso trabalho é dirigir uma empresa multimilionária, cuidar da família, criar obras de arte ou concluir os estudos, temos que meter a cara no trabalho e ralar! Não há tempo para brincadeiras!

Mas Brown afirma que brincar não é uma questão de opção. Na verdade, escreve: "O oposto do lúdico não é o trabalho – o oposto do lúdico é a depressão." E explica: "Respeitar nossa necessidade biologicamente programada de brincar pode transformar o trabalho. Pode devolver o entusiasmo e a novidade a nosso trabalho. Brincar nos ajuda a lidar com as dificuldades, proporciona uma sensação de expansividade, promove o domínio do nosso ofício e é parte essencial do processo criativo. Mais importante ainda, o verdadeiro brincar, que vem de nossas necessidades e nossos desejos internos, é o único caminho para encontrarmos alegria e satisfação duradouras em nosso trabalho. A longo prazo, o trabalho não funciona sem o lúdico."[43]

O que surpreende é a semelhança entre a necessidade biológica de brincar e a necessidade de descanso do nosso corpo, uma questão que também emergiu como importante na Vida Plena. Parece que o viver e amar de todo o coração exige que respeitemos a necessidade de revigoramento do nosso corpo. Quando pesquisei pela primeira vez as ideias de repouso, sono e *déficit de sono* – expressão que designa sono insuficiente –, mal pude acreditar em algumas das consequências da falta de repouso adequado.

De acordo com os Centros de Controle e Prevenção de Doenças, o déficit de sono está associado a diversas doenças crônicas e a quadros como diabetes, cardiopatias, obesidade e depressão.[44] Também vimos que dirigir com sono pode ser tão perigoso – e tão passível de prevenção – quanto dirigir alcoolizado. Apesar disso, de algum modo, muitos ainda acreditam que a exaustão é símbolo de trabalho árduo e que o sono é um luxo. A consequência é que ficamos extremamente cansados. Perigosamente cansados.

As mesmas vozes maldosas que nos dizem que estamos cansados demais para brincar e desperdiçar tempo com bobagens são as que sussurram:

- "Mais uma hora de trabalho! Você pode recuperar o sono atrasado no fim de semana."
- "Cochilar é coisa de gente preguiçosa."
- "Força, vá em frente. Você consegue."

Mas a verdade é que não conseguimos. Somos uma nação de adultos exaustos e estressados, educando crianças sobrecarregadas. Usamos nossas horas de folga em uma busca desesperada de alegria e sentido para a vida. Achamos que as realizações e as aquisições nos trarão alegria e propósito, mas a busca incessante delas é justamente o que nos mantém tão cansados e com medo de diminuir o ritmo.

Se quisermos levar uma Vida Plena, teremos que pôr em prática a intenção de cultivar o sono e o lazer, além de nos libertar da noção de que exaustão é símbolo de status e produtividade é sinônimo de valor pessoal.

Optar por descansar e brincar faz parte, na melhor das hipóteses, da contracultura. A decisão de nos libertarmos da exaustão e da produtividade como insígnias de honra fez perfeito sentido para Steve e para mim, mas pôr em prática a Vida Plena tem sido uma luta para toda a nossa família.

Em 2008, Steve e eu nos sentamos e redigimos uma lista objetiva das coisas que faziam nossa família funcionar bem. Basicamente, respondemos à pergunta: "Quando as coisas estão indo realmente bem na nossa família, quais são as condições específicas em que isso acontece?" As respostas incluíram sono, exercício físico, alimentação saudável, preparar as próprias refeições, tempo para descansar, viagens de fim de semana, ida à igreja, participar da vida dos filhos, controle do nosso dinheiro, trabalho significativo que não nos consuma, tempo para passar com a família e os amigos e tempo para ficar de bobeira. Esses eram (e são) nossos "ingredientes da alegria e do propósito".

Depois, olhamos para a lista de sonhos que tínhamos começado a fazer uns dois anos antes (e à qual continuamos adicionando itens). Tudo naquela lista era uma realização ou uma aquisição – uma casa maior, uma viagem, metas pessoais de salário, esforços profissionais, etc. Tudo exigia que ganhássemos mais dinheiro e gastássemos mais.

Quando comparamos a lista dos sonhos com a "da alegria e do propósito", percebemos que, simplesmente abandonando a lista das metas que gostaríamos de alcançar e coisas que gostaríamos de adquirir, já estaríamos efetivamente vivendo nosso sonho – não lutando para fazê-lo acontecer no futuro, mas vivendo-o no presente. As coisas pelas quais vínhamos trabalhando não contribuíam em nada para tornar a nossa vida mais plena.

Abraçar nossa lista "da alegria e do propósito" não tem sido fácil. Há dias em que ela faz pleno sentido, e há também aqueles dias em que sou sugada pela ilusão de como tudo seria melhor se tivéssemos um quarto de hóspedes realmente bom, ou uma cozinha melhor, ou se eu desse uma palestra em tal lugar, ou escrevesse um artigo para tal revista de grande circulação.

Até a Ellen teve que fazer umas mudanças. No ano passado, nós lhe dissemos que íamos limitar suas atividades extracurriculares e que ela teria que escolher entre os diversos esportes, o grupo de escoteiras e as atividades depois do horário escolar. No começo, houve certa resistência.

Ela assinalou que fazia menos coisas do que a maioria de seus amigos. Era verdade. Ellen tem muitos amigos que participam de duas ou três atividades esportivas todos os semestres, e têm aulas de música, línguas estrangeiras e arte. São crianças que acordam às seis horas da manhã e vão dormir às dez da noite.

Explicamos que o "corte" fazia parte de um plano familiar mais amplo. Eu tinha decidido trabalhar em meio expediente na universidade e o pai dela trabalharia quatro dias por semana. Ela nos olhou como quem se preparasse para receber más notícias e perguntou:

– Tem alguma coisa errada?

Explicamos que queríamos mais tempo livre. Mais tempo para ficarmos juntos e relaxar. Depois de jurarmos que ninguém estava doente, ela ficou animada e perguntou:

– Vamos ter mais tempo para ver TV?

– Não – esclareci. – Apenas mais tempo para a família se divertir. Seu pai e eu gostamos muito do nosso trabalho, mas ele pode exigir muito de nós dois. Eu viajo e tenho prazos para escrever meus textos; seu pai tem que ficar de plantão, disponível. Você também dá duro nos seus deveres de casa. Queremos ter certeza de que vamos ter um horário de descanso para todos nós juntos.

Embora essa experiência possa parecer fantástica, foi apavorante para mim como mãe. E se eu estivesse errada? E se ficar sobrecarregada e exausta fosse o certo? E se a Ellen não conseguisse entrar na faculdade que escolhesse por não tocar violino, não falar mandarim e francês e não praticar seis esportes?

E se fôssemos normais, tranquilos e felizes? Valeria a pena?

Acho que a resposta a essa pergunta só é *sim* se ser normais, tranquilos e felizes tiver importância para nós. Nesse caso, brincar e descansar é importante. Mas se o que importa para nós é o que os outros pensam, dizem ou valorizam, devemos voltar à exaustão e à alta produtividade para sentirmos que temos valor.

Hoje escolho brincar e descansar.

## *Recorra ao RIA*

**Reflexão**: Uma das melhores coisas que já fizemos na família foi a lista de "ingredientes para a alegria e o propósito". Recomendo que você se sente e faça uma lista das condições específicas que ocorrem quando tudo parece bom na sua vida. Em seguida, compare essa lista com seu rol de coisas a fazer e sua lista de coisas a conquistar. Pode ser que você se surpreenda.

**Inspiração**: O trabalho de Stuart Brown sobre o lúdico e o livro *A Whole New Mind*, de Daniel Pink, me inspiram continuamente.[45] Se quiser saber mais sobre a importância de brincar e descansar, leia esses livros.

**Ação**: Diga *não* hoje. Enfrente o sistema. Tire algo da sua lista de afazeres e acrescente "tirar um cochilo".

*Como você faz o seu RIA?*

# DIRETRIZ Nº 8

## *Cultive a calma e a quietude: liberte-se da ansiedade como estilo de vida*

Depois que iniciei esta pesquisa, como eu disse, corri para o consultório da minha terapeuta. Eu sabia que minha vida estava desequilibrada e desejava para mim mais daquilo que vinha aprendendo no meu estudo. Também queria entender por que tinha ataques de tonteira sempre que ficava muito ansiosa e estressada. Eu me sentia realmente zonza e a sala começava a girar. Em umas duas ocasiões, cheguei a cair.

As vertigens eram novidade; a ansiedade, não. Antes de começar a aprender sobre a Vida Plena, eu sempre fora capaz de administrar as prioridades simultâneas, as exigências familiares e a pressão incessante da vida acadêmica. De muitas maneiras, a ansiedade era uma constante em minha vida.

Mas, quando comecei a desenvolver a conscientização da Vida Plena, foi como se meu corpo dissesse: "Vou ajudá-la a abraçar esse novo estilo de vida tornando-lhe muito difícil ignorar a ansiedade." Quando era muito tomada pela ansiedade, eu realmente tinha que me sentar para não correr o risco de cair.

Eu me lembro de ter dito a Diana, minha terapeuta:

– Não posso mais viver deste jeito. Não posso mesmo.

– Eu sei. Estou vendo – respondeu ela. – De que você acha que precisa?

Pensei nisso por um segundo e disse:

– Preciso arrumar um jeito de permanecer de pé quando estou muito ansiosa.

Ela apenas ficou lá, assentindo com a cabeça e esperando, como fazem os terapeutas. Esperando, esperando, esperando.

Por fim, veio a compreensão:

– Ah, entendi. Não posso viver *deste jeito*. Não posso mais viver com toda esta ansiedade. Não preciso descobrir um jeito de continuar com este nível de ansiedade. Preciso descobrir como ser menos ansiosa.

Essa tática do silêncio pode ser eficaz. É uma tremenda chatice, mas é eficaz.

Usei minha pesquisa para formular um plano para reduzir minha ansiedade. Os homens e mulheres que entrevistei não estavam livres de ansiedade nem eram avessos a ela – eles tinham *consciência* dela. Estavam comprometidos com um modo de viver em que a ansiedade era uma realidade, mas não um estilo de vida. Faziam isso cultivando a calma e a quietude e transformando essa prática em norma.

Calma e quietude podem parecer a mesma coisa, mas aprendi que são diferentes e que precisamos de ambas.

## *Calma*

Defino *calma* como *criar perspectiva e atenção plena ao administrar a reatividade emocional*. Quando penso em pessoas calmas, penso em indivíduos capazes de relativizar situações complicadas e vivenciar seus sentimentos sem reagir a emoções intensas, como o medo e a raiva.

Quando eu estava grávida da Ellen, alguém me deu um livrinho chamado *Baby Love: A Tradition of Calm Parenting* (em tradução livre, "Amor ao bebê: uma tradição de maternidade serena"), de Maud Bryt.[46] A mãe, a avó e a bisavó de Maud foram parteiras na Holanda e o livro transmite a sabedoria delas. Ainda me vejo sentada na minha poltrona de balanço novinha em folha com uma das mãos apoiada no barrigão de gestante e a outra segurando o livro. Lembro-me de ter pensado: *É este o meu objetivo. Quero ser uma mãe calma.*

Surpreendentemente, sou uma mãe bem calma. Não porque isso me seja natural, mas por ser algo que pratico. Muito. Steve, meu marido, também é um modelo incrível para mim. Ao observá-lo, aprendi o valor de relativizar e ter calma nas situações difíceis.

Procuro ser lenta nas reações e rápida para pensar: *Será que tenho todas as informações necessárias para tomar uma decisão ou formular uma resposta?* Também fico muito atenta ao efeito que a calma exerce nas pessoas ou nas situações de ansiedade. Uma reação de pânico produz mais pânico e mais medo. Como diz a psicóloga e escritora Harriet Lerner: "A ansiedade é extremamente contagiosa, mas a calma também é."[47] A pergunta então passa a ser esta: *Queremos contagiar as pessoas com mais ansiedade ou curar a nós mesmos e os que nos cercam usando a calma?*

Quando optamos por curar com a calma, temos que nos comprometer a agir com calma. As pequenas coisas são importantes. Por exemplo, antes de reagir, podemos contar até dez ou nos permitir dizer: "Não tenho certeza. Preciso pensar mais nisto." Também é extremamente eficaz identificar os sentimentos que têm maior probabilidade de desencadear nossa reatividade e então praticar respostas não reativas.

Poucos anos atrás, foi ao ar na TV um anúncio de utilidade pública que mostrava um casal trocando gritos e batendo a porta um na cara do outro. Os dois gritavam coisas como "Eu te odeio!", "Vá cuidar da sua vida!" e "Não quero falar com você". Ao começar a assistir ao anúncio, o público não tinha ideia de por que eles diziam essas coisas, batiam a porta e recomeçavam. Após uns vinte segundos de gritaria e estrondos, o casal dava as mãos e saía de cena. Um deles dizia ao outro: "Acho que estamos prontos." Havia então um corte para o anunciante, que dizia algo como: "Converse com seus filhos sobre as drogas. Não é fácil, mas pode salvar a vida deles."

Esse comercial é um ótimo exemplo de prática da calma. A menos que nossos pais tenham nos oferecido um modelo de calma e tenhamos sido criados praticando-a, é pouco provável que ela seja nossa resposta-padrão a situações de nervosismo ou emocionalmente perigosas.

Para mim, respirar é o melhor começo. Simplesmente respirar fundo antes de reagir já me desacelera e começa imediatamente a disseminar calma. Às vezes chego a pensar com meus botões: *Estou à beira de ter um piti! Mas será que tenho informações suficientes para entrar em parafuso? E entrar em parafuso vai ajudar?* A resposta é sempre *não*.

## *Quietude*

O conceito de quietude é menos complicado que o de calma, porém, ao menos para mim, é bem mais difícil de pôr em prática.

Eu gostaria de lhe dizer quanto resisti até mesmo a ouvir as pessoas descreverem a quietude como parte integrante de sua jornada da Vida Plena. Da meditação e das orações a períodos habituais de reflexão silenciosa e solidão, homens e mulheres falaram da necessidade de aquietar o corpo e a mente como um modo de se sentirem menos ansiosos e sobrecarregados.

Tenho certeza de que minha resistência a esse conceito é causada por eu ficar nervosa só em pensar em meditação. Quando tento meditar, me sinto uma completa impostora. Passo o tempo todo pensando em como preciso parar de pensar: *Tudo bem, não estou pensando em nada. Não estou pensando em nada. Leite, fraldas, sabão em pó... pare! Tudo bem, não pensar. Não pensar. Caramba, será que ainda não acabou?*

Não quero admitir, mas a verdade é que a quietude costumava provocar muita ansiedade em mim. Na minha cabeça, aquietar-me tinha a definição estrita de me sentar no chão, de pernas cruzadas, e me concentrar naquele nada ilusório. Quando colhi e analisei mais histórias, percebi que minha ideia inicial estava errada. Eis a definição de *quietude* que emergiu dos dados da pesquisa:

> Quietude não é nos concentrarmos no nada; trata-se de criarmos uma clareira. É abrirmos um espaço afetivamente desobstruído e nos permitirmos sentir, pensar, sonhar e questionar.

Uma vez que consigamos nos libertar das nossas suposições do que deve ser a quietude e encontrar um modo de criar uma clareira que funcione para nós, teremos mais chance de nos abrir e de enfrentar a próxima barreira à quietude: o medo. E pode ser um medo realmente grande.

Se fizermos uma pausa por tempo suficiente para criar uma clareira emocional serena, as verdades de nossa vida invariavelmente nos alcançarão. Nós nos convencemos de que, se nos mantivermos ocupados e continuarmos em movimento, a realidade não nos atingirá. Assim, a verdade que aparece para nós é como às vezes nos sentimos cansados, amedrontados, confusos e sobrecarregados. Naturalmente, a ironia disso é que o que nos deixa esgotados é justamente a tentativa de ignorarmos a sensação de esgotamento. É esse o caráter autoperpetuador da ansiedade. Ela se alimenta de si mesma. Costumo dizer que, quando começarem a fazer reuniões dos Doze Passos para os viciados em atividade, será preciso alugar estádios de futebol.

Além do medo, outra barreira que atrapalha a quietude e a calma é o modo como somos criados para pensar nessas práticas. Desde muito cedo, recebemos mensagens confusas sobre o valor da calma e da quietude. Pais e professores gritam "Calma!" e "Fiquem quietos!" em vez de realmente servirem de modelo dos comportamentos que desejam ver nas crianças. Então, em vez de se tornarem práticas que desejamos cultivar, a calma dá lugar à perpetuação da ansiedade e a ideia de quietude nos deixa agitados.

Em nosso mundo cada vez mais complicado e nervoso, precisamos de mais tempo para fazer menos e ser menos. Começar a cultivar a calma e a quietude pode ser difícil, principalmente quando percebemos até que ponto o estresse e a ansiedade definem nosso dia a dia. Mas, à medida que nossas práticas se fortalecem, a ansiedade perde seu poder de controle e passamos a ver com mais clareza o que fazemos, para onde estamos indo e o que tem verdadeiro sentido para nós.

## *Recorra ao RIA*

**Reflexão:** Minha desintoxicação da ansiedade incluiu mais calma e mais quietude, mas também exigiu mais exercício e menos cafeína. Conheço muita gente que toma alguma coisa para dormir à noite e passa o dia seguinte inteiro ingerindo cafeína para permanecer acordada. A calma e a quietude são remédios potentes para a insônia e a falta de energia. Aumentar minha ingestão diária desses elementos, em combinação com caminhadas, natação e redução da cafeína, fez maravilhas pela minha vida.

**Inspiração:** Continuo a me inspirar e a me transformar a partir de algo que aprendi no livro *The Dance of Connection*, de Harriet Lerner.[48] A Dra. Lerner explica que todos temos modos-padrão de lidar com a ansiedade. Alguns reagem a ela com um funcionamento exagerado, e outros, com um funcionamento insuficiente. Os hiperfuncionais tendem a ser rápidos para aconselhar, ir em auxílio de alguém, assumir o controle, microgerenciar e interferir nos assuntos alheios, em vez de olhar para seu íntimo. Os hipofuncionais tendem a se tornar menos competentes sob tensão. Dão espaço para que outras pessoas assumam o controle e, não raro, se tornam o foco dos mexericos, preocupações ou inquietações da família. Podem ser rotulados como "os irresponsáveis", "as crianças-problema" ou "os coitadinhos". A Dra. Lerner explica que ver esses comportamentos como respostas-padrão à ansiedade, não como verdades sobre quem somos, pode nos ajudar a entender que é possível mudar. Os hiperfuncionais, como eu, podem se tornar mais dispostos a assumir suas vulnerabilidades diante da ansiedade, e os hipofuncionais podem se esforçar para ampliar seus pontos fortes e sua competência.

**Ação:** Faça experiências com formas diferentes de calma e quietude. Todos precisamos encontrar algo que funcione para nós. Para ser sincera, a forma de me sentir mais receptiva e mais equilibrada emocionalmente é caminhar sozinha ao ar livre. Tecnicamente, não se trata de quietude, mas é uma clareira emocional para mim.

*Como você faz o seu RIA?*

## DIRETRIZ Nº 9

### *Cultive o trabalho significativo: liberte-se da insegurança e do que se espera de você*

No capítulo sobre criatividade, escrevi que uma parte considerável do meu trabalho envolve estabelecer conexões. Na verdade, o cerne do meu trabalho é encontrar e denominar as conexões, muitas vezes não verbalizadas, entre nossas maneiras de pensar, sentir e agir. Às vezes as conexões são fáceis de identificar e se encaixam perfeitamente. Às vezes, porém, são escorregadias, e tentar montá-las é uma tarefa desordenada e confusa. Esta diretriz começou como uma dessas experiências tumultuadas, mas, com o tempo, descobri algumas conexões impressionantes.

Logo no início desta pesquisa, ficou claro para mim que levar uma Vida Plena incluiria o compromisso de me dedicar ao que muitos entrevistados chamaram de *trabalho significativo*. Outros falavam de ter uma vocação. E outros simplesmente descreviam extrair de seu trabalho um senso maravilhoso de realização e propósito. Tudo parecia muito simples e objetivo, exceto por esta lista irritante que surgiu como sendo importante e, de algum modo, *conectada* com a busca de um trabalho significativo:

- dons e talentos
- espiritualidade
- sustento

- dedicação
- o que se deve fazer
- insegurança

Digo *irritante* porque levei um bom tempo para descobrir como todos os itens funcionam juntos. A parte exausta de mim queria esquecer esses itens "extras", como Steve quando monta móveis e, no fim, sobram parafusos não utilizados. Minha vontade era levantar, dar uma leve balançada de cabeça e dizer: "Muito bem! Estes itens devem ser sobressalentes."

Mas não pude. Assim, esmiucei a ideia de trabalho significativo, entrevistei mais participantes, encontrei as conexões e reconstruí esta diretriz. E foi isto que surgiu:

- *Todos temos dons e talentos*. Quando os cultivamos e os compartilhamos com o mundo, criamos sentido e propósito em nossa vida.
- *Desperdiçar nossos dons traz angústia a nossa vida*. Como vimos, não usarmos os dons que nos foram concedidos não é algo simplesmente lamentável e inofensivo; o preço que pagamos por isso é sacrificar nosso bem-estar físico e emocional. Quando não usamos nossos talentos para cultivar um trabalho significativo, sofremos. Nos sentimos desconectados e sobrecarregados por sentimentos de vazio, frustração, ressentimento, vergonha, desapontamento, medo e até luto.
- *Compartilhar nossos dons e talentos com o mundo é a mais poderosa fonte de conexão com Deus*. A maioria dos que buscam uma conexão espiritual gasta muito tempo erguendo os olhos para o céu e se perguntando por que Deus está tão longe. Deus vive dentro de nós, não acima de nós.
- *Usar nossos dons e talentos para criar um trabalho significativo exige um enorme compromisso*, porque, em muitos casos, o trabalho significativo não é o que paga as contas. Algumas pessoas conseguem alinhar tudo – usam seus dons e talentos para fazer o trabalho que

sustenta sua alma e sua família; a maioria, no entanto, tem que batalhar muito para juntar essas peças.
- Ninguém pode definir o que é significativo para nós. A cultura não pode ditar se isso corresponderá a trabalhar fora, cuidar dos filhos, ser advogado, professor ou pintor. *Assim como nossos dons e talentos, o propósito é* único *para cada um de nós.*

## A *insegurança e "o que se espera de você"*

A provocação das vozes maldosas em nossa cabeça pode nos impedir de cultivar um trabalho significativo. Elas começam nos assombrando quanto a nossos dons e talentos:

- "Talvez todos tenham dons especiais... *menos você*. Talvez seja por isso que você ainda não os descobriu."
- "É, você faz isso bem, mas não chega a ser realmente um dom. Não é suficientemente importante para ser considerado um talento de verdade."

A falta de autoconfiança destrói o processo de descobrir e compartilhar nossos dons com o mundo. Além disso, se desenvolver e compartilhar nossos dons é a maneira de honrarmos nosso espírito e nos conectarmos com Deus, a falta de confiança em nós mesmos equivale a deixar o medo minar nossa fé.

As vozes ganham muita força com a história do que "se espera de nós" – o grito de guerra da adequação, do perfeccionismo, da necessidade de agradar os outros e de provar nosso valor:

- "Espera-se que você se preocupe em ganhar dinheiro, não em cultivar propósito."
- "Espera-se que você cresça e se torne _____. Todos contam com isso."
- "Espera-se que você deteste seu trabalho; essa é a definição de trabalho."

- "Se você for corajoso(a), espera-se que você largue seu emprego e busque a felicidade. Não se preocupe com o dinheiro!"
- "Espera-se que você faça uma escolha: trabalhar por amor ou trabalhar para sustentar as pessoas que você ama."

Para nos libertarmos da falta de autoconfiança e do que se espera de nós, temos que começar a dominar essas mensagens. O que nos deixa com medo? O que está na nossa lista de coisas que esperam de nós? Quem disse isso? Por quê?

As vozes maldosas são como crianças pequenas. Se você as ignora, elas fazem ainda mais escândalo. Em geral, é melhor apenas admitir que as mensagens existem. Anote-as. Sei que isto parece ilógico, mas anotar e dominar o que elas dizem não lhes dá mais poder – dá mais poder a você. Dá a você a oportunidade de dizer: "Entendi. Vejo que estou com medo, mas vou fazer isso mesmo assim."

## *Prazer em conhecê-lo(a). O que você faz?*

Além das vozes maldosas, outra coisa que atrapalha nossa busca do trabalho significativo é a dificuldade em definirmos com franqueza quem somos e o que fazemos. Em um mundo que valoriza a primazia do trabalho, a pergunta mais comum que fazemos e ouvimos é: "O que você faz?" Eu costumava me retrair sempre que alguém me fazia essa pergunta. Era como se eu tivesse que optar entre reduzir meu trabalho a uma definição fácil de assimilar e causar uma confusão dos diabos na cabeça das pessoas.

Agora, minha resposta para "O que você faz?" é "De quanto tempo você dispõe?".

Quase todos temos respostas complexas a essa pergunta. Por exemplo, sou mãe, esposa, pesquisadora, escritora, contadora de histórias, irmã, amiga, filha e professora. Todas essas facetas constituem quem eu sou, de modo que nunca sei responder à tal pergunta. E, para ser franca, estou cansada de ter que escolher uma entre elas para facilitar a vida de quem perguntou.

Em 2009, conheci Marci Alboher, escritora/palestrante/instrutora. Se você está se perguntando o porquê das barras, acho que elas são muito apropriadas, já que Marci é autora do livro *One Person/Multiple Careers: A New Model for Work/Life Success* (Uma pessoa/múltiplas carreiras: um novo modelo para o sucesso no trabalho/na vida).[49]

Ela entrevistou centenas de pessoas que se dedicam simultaneamente a várias atividades e descobriu como as carreiras separadas por barras – pesquisadora/contadora de histórias, pintor/corretor de imóveis – se integram e expressam plenamente os múltiplos talentos, paixões e interesses que uma única carreira não consegue abarcar. O livro de Marci é repleto de histórias de pessoas que criaram um trabalho significativo ao se recusarem a ser definidas por apenas uma carreira. Os exemplos incluem um estivador/documentarista, uma consultora de negócios/cartunista, um advogado/chef, um rabino/comediante stand-up, uma cirurgiã/dramaturga, um gerente de investimentos/rapper e uma terapeuta/violeira.

Eu quis compartilhar com você a ideia do efeito das múltiplas carreiras expressas com as barras porque, no mundo dos blogs, da arte e da escrita, encontro inúmeras pessoas que têm medo de declarar seu ofício. Por exemplo, conheci recentemente uma mulher, em uma conferência de mídias sociais, que era contadora/joalheira. Fiquei animada por conhecê-la, pois tinha comprado pela internet um lindo par de brincos feito por ela. Quando lhe perguntei há quanto tempo era joalheira, ela enrubesceu e disse:

– Quem me dera. Sou contadora. Não sou joalheira de verdade.

Pensei com meus botões: *Neste momento estou usando brincos feitos por você, não seu ábaco.* Quando apontei para minhas orelhas e disse "É claro que você é joalheira!", ela apenas sorriu e respondeu:

– Não ganho muito dinheiro com isso. Só faço joias porque adoro.

Por mais absurdo que isso tenha soado, eu entendi. Detesto dizer que sou escritora, porque não me dá uma sensação de legitimidade. Não sou *suficientemente* escritora. Superar a falta de confiança em nós mesmos requer que acreditemos ser suficientes e que nos libertemos do que o mundo diz que devemos ser e do que devemos nos chamar.

Todo semestre compartilho esta citação do teólogo Howard Thurman com meus alunos de pós-graduação. Sempre foi uma das minhas favoritas, mas, agora que estudei a importância do trabalho significativo, assumiu um novo sentido: "Não pergunte de que o mundo precisa. Pergunte o que leva você a despertar para a vida e faça isso. Porque o que o mundo precisa é de gente que despertou para a vida."

## Recorra ao RIA

**Reflexão**: Descobrir como fazer um trabalho significativo pode demorar um pouco. Consegui finalmente ser bastante específica e escrever meus critérios do que é "significativo". Neste momento, de minha parte, quero que meu trabalho seja inspirador, contemplativo e criativo. Uso esses critérios como um filtro para tomar decisões sobre o que faço/com o que me comprometo/como gasto meu tempo.

**Inspiração**: Recomendo enfaticamente o livro *One Person/Multiple Careers*, de Marci Alboher. Há nele muitas estratégias práticas sobre como viver com múltiplas carreiras. Malcom Gladwell também é uma constante fonte de inspiração para mim. Em seu livro *Fora de série – Outliers*, Gladwell propõe que existem três critérios para o trabalho significativo – complexidade, autonomia e uma relação entre esforço e recompensa – e que eles podem ser encontrados com frequência nos trabalhos criativos.[50] Esses critérios combinam perfeitamente com o que representa o desenvolvimento de um trabalho significativo no contexto da jornada da Vida Plena. Por último, recomendo a todos que leiam *O alquimista*, de Paulo Coelho.[51] Procuro lê-lo pelo menos uma vez por ano. De um modo marcante, ele mostra as conexões entre nossos dons, nossa espiritualidade e nosso trabalho (com múltiplas carreiras ou não) e como tudo isso se junta para criar sentido em nossa vida.

**Ação:** Faça uma lista dos trabalhos que são inspiradores para você. Não seja pragmático(a). Não pense em ganhar o sustento, pense em fazer algo de que você goste. Não há nenhuma regra que diga que você tem que largar seu trabalho principal para cultivar um trabalho significativo. Também não há nada que diga que seu trabalho principal não é significativo – talvez você apenas nunca tenha pensado nele dessa maneira. Quais são suas múltiplas carreiras ideais? O que você quer ser quando crescer? O que traz sentido para sua vida?

*Como você faz o seu RIA?*

# DIRETRIZ Nº 10

*Cultive o riso, a música e a dança: liberte-se da necessidade de ser descolado(a) e de estar sempre no controle*

*Dance como se ninguém estivesse olhando.*
*Cante como se não houvesse ninguém escutando.*
*Ame como se nunca houvesse sofrido*
*e viva como se o paraíso fosse na Terra.*

– Mark Twain

Ao longo de toda a história da humanidade, temos contado com o riso, a música e a dança para nos expressarmos, para transmitir nossas histórias e emoções, para celebrar e prantear e para alimentar o sentimento de comunhão. Embora quase todos digam que uma vida sem esses elementos seria insuportável, é fácil não dar valor a eles.

O riso, a música e a dança se entremeiam de tal modo na trama de nossa vida cotidiana que até esquecemos quanto valorizamos as pessoas capazes de nos fazer rir, as músicas que nos fazem cantar a plenos pulmões dentro do carro e a liberdade absoluta que sentimos ao dançar "como se ninguém estivesse olhando".

Em seu livro *Dançando nas ruas*, a crítica social Barbara Ehrenreich recorre à história e à antropologia para documentar a importância de nos entregarmos ao que ela chama de "êxtase coletivo". Barbara conclui que somos "seres sociais inatos, quase instintivamente impelidos a compartilhar nossa alegria".[52] Tenho absoluta convicção de que ela está certa. Também gosto muito da ideia de êxtase coletivo – especialmente agora, quando parecemos presos em um estado de medo e ansiedade coletivos.

Enquanto eu fazia a triagem dos meus dados, fiz duas perguntas a mim mesma:

1. Por que o riso, a música e a dança são tão importantes para nós?
2. Eles têm em comum algum elemento transformador?

Eram perguntas complicadas de responder, porque, sim, ansiamos por rir, cantar e dançar quando estamos alegres, mas também recorremos a essas formas de expressão quando nos sentimos solitários, tristes, empolgados, apaixonados, de coração partido, amedrontados, envergonhados, confiantes, seguros, inseguros, corajosos, pesarosos ou extasiados (apenas para citar alguns sentimentos). Tenho certeza de que há uma música, uma dança e uma maneira de rir para cada sentimento humano.

Após uns dois anos de análise dos dados, eis o que aprendi:

> *O riso, a música e a dança criam conexões afetivas e espirituais; nos lembram da única coisa que realmente importa quando estamos à procura de consolo, celebração, inspiração ou cura: de que não estamos sozinhos.*

Ironicamente, aprendi quase tudo que sei sobre o riso durante os oito anos em que estudei a vergonha. A resiliência em relação à vergonha precisa do riso. Em *Eu achava que isso só acontecia comigo*, chamo de *riso experiente* o tipo de riso que nos ajuda a encontrar a cura. Rir é uma forma espiritual de comunhão; sem enunciar uma só palavra, podemos dizer uns aos outros: "Entendi. Estou do seu lado."

O riso verdadeiro não é o uso do humor como autodepreciação ou escudo; não é aquele riso doloroso atrás do qual nos escondemos às vezes. O riso experiente personifica o alívio e a conexão que sentimos ao perceber o poder que existe em compartilharmos nossas histórias – não rimos uns *dos* outros, e sim uns *com* os outros.

Uma de minhas definições favoritas de riso é a da escritora Anne Lamott, que ouvi certa vez: "O riso é uma forma borbulhante e efervescente de santidade." Amém!

## *Música*

Desde as fitas cassete que meus pais tocavam na nossa caminhonete, passando por minha pilha de discos de vinil dos anos 1970 e pelas fitas que eu gravava nas décadas de 1980 e 1990, até minhas listas do iTunes, no meu computador novo, há uma trilha sonora para minha vida. E as músicas dessa trilha são capazes de evocar lembranças e provocar emoções em mim como nenhuma outra coisa.

Compreendo que nem todos compartilham a mesma paixão pela música, mas o que há de universal nela é sua capacidade de nos emocionar – às vezes de modos que nem imaginamos. Por exemplo, recentemente eu estava assistindo à versão do diretor de um filme. Ela mostrou uma cena muito dramática desse filme, com e sem música. Mal pude acreditar na diferença.

Ao assistir à cena pela primeira vez, eu nem tinha notado que havia música. Apenas me sentara na beira da poltrona, aguardando e torcendo para que as coisas acontecessem do jeito que eu queria. Quando tornei a vê-la sem música, a cena não teve graça. Não houve o mesmo nível de expectativa. Sem a música, a cena tornou-se apenas factual, não emocionante.

Quer seja um hino de igreja, o hino nacional, um refrão que as torcidas cantam em competições esportivas, uma música no rádio ou a trilha sonora cuidadosamente pensada de um filme, a música nos toca e nos oferece uma conexão – algo sem o qual realmente não podemos viver.

## *Dança*

Meço a saúde espiritual de nossa família por quanto se dança na cozinha da minha casa. É sério. A música favorita do Charlie é "Kung Fu Fighting", e Ellen gosta de "Ice Ice Baby", do Vanilla Ice. Somos apaixonados por música e dança, não esnobes. E não deixamos de curtir sucessos da velha guarda, como "The Twist" e "Macarena". Nossa cozinha não é grande, de modo que, quando nós quatro estamos presentes, de meias nos pés e deslizando à vontade, ela mais parece a área do gargarejo nos shows de rock, onde a plateia pula e se esbarra, do que um arrasta-pé caseiro. É uma confusão, mas é sempre divertido.

Não demorei muito a compreender que dançar é uma questão difícil para muita gente. Rir escandalosamente pode nos dar a sensação de estarmos meio descontrolados. Cantar em voz alta pode deixar alguns constrangidos. Mas, para muitos, não há forma de expressão que os faça sentirem-se mais vulneráveis do que dançar. Trata-se de uma vulnerabilidade de corpo inteiro. A única outra vulnerabilidade tão completa em que consigo pensar é ficar nu(a), e não preciso dizer como isso faz a maioria de nós sentir-se vulnerável.

Para muitas pessoas, arriscar-se a esse tipo de vulnerabilidade em público é muito difícil, e por isso elas dançam em casa, ou só na frente das pessoas com quem têm intimidade. Já outras nunca dançam, porque o grau de vulnerabilidade é opressivo para elas. Uma mulher me disse: "Às vezes, quando estou assistindo à TV e há gente dançando, ou música boa tocando, eu marco o ritmo com os pés sem notar. Quando enfim percebo, fico com vergonha. Não tenho ritmo."

Não há dúvida de que alguns têm mais inclinação para a música ou mais coordenação motora do que outros, mas estou começando a acreditar que a dança está no nosso DNA. Não me refiro a danças supermodernas e descoladas, nem a danças típicas, nem a nada parecido com as coreografias da "Dança dos Famosos", mas a uma forte atração pelo ritmo e pelo movimento. Pode-se observar esse desejo de movimento nas crianças. Enquanto não lhes ensinamos que elas precisam se preocupar com a aparência e com o que os outros pensam, elas dançam. Dançam até nuas. Nem sempre com ritmo ou de maneira graciosa, mas sempre com alegria e prazer.

A escritora Mary Jo Putney disse: "Aquilo de que gostamos na infância fica no coração para sempre." Se é verdade, e creio que seja, a dança continua no nosso coração, mesmo quando a cabeça se preocupa demais com o que os outros vão pensar.

### Ser descolado(a) e estar sempre no controle

> *A única moeda verdadeira neste mundo falido*
> *é aquilo que você compartilha com outra pessoa*
> *quando não está tentando ser descolado.*
>
> – Citação do filme *Quase famosos*, de 2000

Dar uma gargalhada sonora, cantar a plenos pulmões e dançar como se ninguém estivesse vendo fazem bem à alma, sem sombra de dúvida. Mas, como eu já disse, são também exercícios de vulnerabilidade. Há muitos gatilhos de vergonha cercando os atos de rir, cantar e dançar. A lista inclui o medo de ser considerado esquisito, desajeitado, bobo, descontrolado, não descolado, imaturo, idiota e fútil. Para a maioria, é uma lista assustadora. As vozes maldosas dentro de nós estão sempre aí para garantir que nossa autoexpressão perca a batalha para a autoproteção e o constrangimento:

- "O que os outros vão pensar?"
- "Está todo mundo olhando, acalme-se!"
- "Você está sendo ridículo(a)! Componha-se!"

As mulheres falaram dos perigos de serem consideradas "barulhentas demais" ou "descontroladas". Nem sei dizer quantas me falaram da dolorosa experiência de mandar a cautela para o espaço e ouvir, em tom condescendente: "Eita... vá com calma!"

Os homens se apressaram a assinalar os perigos de serem vistos como "descontrolados". Um deles me falou: "As mulheres dizem que devemos nos soltar e nos divertir. Será que vão nos achar atraentes se formos para a pista de dança bancar os babacas na frente dos outros caras, ou pior, na frente dos amigos da namorada? É mais fácil a gente se segurar e agir como se não estivesse interessado em dançar. Mesmo que, no fundo, esteja."

Há muitas formas de homens e mulheres lutarem para provar seu valor pessoal nessas questões, porém a que mais nos mantém calados e paralisados é a necessidade de passarmos a imagem de "descolados" e "no controle da situação". Querer ser visto como descolado é uma tentativa de minimizar a vulnerabilidade para reduzir o risco de ser ridicularizado ou virar alvo de chacota.

Tentamos provar que temos valor ao vestir a camisa de força emocional e comportamental de descolados e posar de "maneiros" e "melhores". Estar no controle nem sempre diz respeito ao desejo de manipular situações, mas, muitas vezes, à necessidade de controlar a percepção dos outros. Queremos poder controlar o que as pessoas pensam de nós, para que possamos nos sentir bons o bastante.

Fui criada em uma família em que ser descolado e saber se adequar eram coisas altamente valorizadas. Agora, tenho que fazer um esforço constante para me permitir ser vulnerável e autêntica em algumas dessas questões. Já adulta, eu me permitia rir, cantar e dançar, desde que conseguisse não parecer boba, atrapalhada e esquisita. Durante anos, esses foram grandes gatilhos de vergonha para mim.

No meu ~~Colapso~~ Despertar Espiritual de 2007, percebi quanto havia perdido ao fingir que era descolada. Entendi que uma das razões que me fazem ter medo de experimentar coisas novas (como o ioga ou a aula de hip-hop na minha academia) é o receio de ser considerada pateta e desajeitada.

Gastei muito tempo e energia trabalhando essa questão. É um processo lento. Continuo sendo superboba e pateta apenas perto das pessoas em quem confio, mas acho que está bem assim. Também me esforço para não transmitir essa tendência a meus filhos. Isso é fácil quando não damos atenção às vozes nem aos gatilhos da vergonha. Eis a prova:

No ano passado, tive que dar um pulo na Nordstrom, uma loja de departamentos chique, para comprar maquiagem. Estava em um daqueles dias em que "nada me serve e estou parecendo o Jabba de *Star Wars*". Assim, vesti meu moletom mais folgado, prendi o cabelo sujo com um elástico e disse à Ellen: "A gente vai em um pé e volta no outro."

No caminho para o shopping, Ellen me lembrou de que o par de sapatos que a avó tinha comprado para ela estava no porta-malas do carro e perguntou se poderíamos trocá-lo por um número maior, já que íamos ao shopping. Depois que comprei a maquiagem, subimos para o andar de calçados infantis. Mal saímos da escada rolante, vi um trio de mulheres lindas. Elas balançavam os cabelos compridos (e limpos) sobre os ombros estreitos e perfeitos, montadas em suas botas de salto alto e bico fino, enquanto suas filhas igualmente lindas experimentavam tênis.

Enquanto eu tentava focar a atenção nos calçados da vitrine para evitar desmoronar e começar a me comparar com as mulheres, vi pelo canto do olho um estranho borrão de movimentos bruscos. Era a Ellen. Tocava uma música conhecida no departamento infantil, logo ao lado, e minha filha totalmente autoconfiante de 8 anos estava dançando. Ou, para ser mais específica, fazendo a dança do robô.

No exato momento em que Ellen ergueu os olhos e viu que eu a observava, percebi que as mães magníficas e as filhas também magníficas olhavam fixamente para ela. As mães pareciam constrangidas por ela, e suas filhas, que eram uns dois anos mais velhas que a minha, estavam visivelmente prestes a dizer ou fazer alguma maldade. Ellen ficou paralisada. Ainda curvada, com os braços feito os de um robô em uma posição rígida, ela me procurou com os olhos como se perguntasse: "O que eu faço agora, mãe?"

Minha resposta-padrão nesse cenário seria lançar um olhar depreciativo, que diria à Ellen: "Qual é, cara? Deixe de ser mané!" Basicamente, minha reação imediata seria trair minha filha para me salvar. Graças a Deus, não foi o que fiz. Alguma combinação entre estar imersa neste trabalho, ter um instinto materno mais forte do que meu medo e a pura graça divina me disse: "Escolha a Ellen! Fique do lado dela!"

Dei uma olhadela nas outras mães e me virei para minha filha. Reuni o máximo de coragem que pude, sorri e disse: "Você precisa acrescentar o espantalho aos seus movimentos." Estendi o braço e deixei a mão pendurada, sacudindo-a de um lado para outro. Ellen sorriu. Ficamos dançando no meio da seção de calçados, treinando nossos passos até a música acabar. Não sei bem qual foi a reação dos espectadores ao nosso espetáculo quase televisivo, porque não tirei os olhos da Ellen.

*Traição* é uma palavra importante nesta diretriz. Quando damos mais valor a ser descolados e manter o controle do que a nos permitirmos expor as expressões apaixonadas, bobocas, sinceras e emocionadas de quem somos, nós nos traímos. Ao nos trairmos sistematicamente, é provável que façamos o mesmo com as pessoas que amamos.

Quando não nos permitimos ser livres, raramente toleramos essa liberdade nos outros. Nós os depreciamos, zombamos deles, ridicularizamos seu comportamento e às vezes os constrangemos. Podemos fazer isso de modo intencional ou inconsciente. De uma forma ou de outra, a mensagem é: "Qual é, cara? Deixe de ser mané!"

Os índios hopis têm um ditado: "Nos ver dançar é ouvir o que nosso coração diz." Sei quanta coragem é necessária para deixar os outros ouvirem nosso coração falar, mas a vida é preciosa demais para que nós a desperdicemos fingindo ser superdescolados e ter o controle total quando poderíamos estar rindo, cantando e dançando.

## *Recorra ao RIA*

**Reflexão:** Se acreditamos que o riso, a música e a dança são essenciais para cuidarmos da alma, como fazer para garantir que haja espaço para eles em nossa vida? O que começamos a fazer na minha casa foi colocar música para tocar na cozinha enquanto a família a arruma depois do jantar. Dançamos e cantamos, o que, por sua vez, sempre nos leva a dar boas risadas.

**Inspiração:** Adoro montar playlists temáticas – seleções de músicas que quero escutar quando me sinto de determinada maneira. Tenho de tudo, desde uma trilha chamada "Deus no iPod" até "Corra como o vento". Minha favorita é a que se chama "Eu autêntica" – as músicas que mais fazem com que eu me sinta eu mesma.

**Ação:** Atreva-se a ser pateta. Dance todos os dias por cinco minutos. Faça uma playlist com músicas para cantar no carro. Assista àquele vídeo bobo no YouTube que sempre faz você rir.

*Como você faz o seu RIA?*

# CONSIDERAÇÕES FINAIS

Creio que a maioria de nós já desenvolveu detectores de papo-furado bastante sensíveis quando se trata de ler livros de autoajuda. E isso é bom. Há muitos livros que fazem promessas que não podem cumprir, ou que fazem a mudança parecer muito mais fácil do que realmente é. A verdade é que a mudança significativa é um processo. Pode ser incômoda e costuma ser arriscada, sobretudo quando falamos em aceitar nossas imperfeições, cultivar a autenticidade e encarar o mundo para dizer: "Eu sou suficiente."

Por mais que tenhamos medo da mudança, a pergunta a que devemos responder, em última instância, é: *O que é mais arriscado: me libertar do que os outros pensam ou abrir mão do que sinto, daquilo em que acredito e de quem eu sou?*

Viver plenamente é abraçar a vida a partir do senso de valor pessoal. É cultivar coragem, compaixão e conexão para acordar de manhã e pensar: *Não importa quanto eu faça e quanto deixe de fazer, eu sou suficiente.* É ir para a cama à noite pensando: *Sim, sou imperfeito(a) e vulnerável, e às vezes tenho medo, mas isso não muda o fato de que também sou corajoso(a) e digno(a) de amor e pertencimento.*

Faz sentido, para mim, que a arte da imperfeição seja formada por coragem, compaixão e conexão, porque, quando penso na minha vida antes deste trabalho, me lembro da frequência com que me sentia temerosa, crítica e solitária – o oposto dos três elementos. Ficava me perguntando: *E se eu não conseguir fazer todo esse malabarismo? Por que todas as outras pessoas não se esforçam mais e não vivem de acordo com minhas expectativas? O que os outros vão pensar se eu fracassar ou desistir? Quando poderei parar de provar meu valor para todos?*

Para mim, o risco de me perder de mim mesma pareceu muito mais perigoso do que o risco de deixar as pessoas me verem como realmente sou. Já se passaram alguns anos desde aquele dia, em 2006, em que a pesquisa que eu conduzia virou minha vida de pernas para o ar. Foram os melhores anos da minha existência, e eu não mudaria nada. O ~~Colapso~~ Despertar Espiritual de 2007 foi duro, mas minha cabeça também é dura. Acho que o universo precisava achar um jeito de chamar minha atenção.

Não sei em qual seção da livraria este livro ficará, mas não tenho certeza de que se trata de uma obra de autoajuda. Penso nele como um convite a participar da revolução da Vida Plena. Um movimento pequeno e sereno, de base, que começa com cada um de nós dizendo "Minha história é importante porque eu sou importante". Um movimento que podemos levar para as ruas com nossa vida bagunçada, imperfeita, agitada, com marcas de estrias, maravilhosa, desoladora, cheia de bondade e alegria. Um movimento alimentado pela liberdade que surge no momento em que paramos de fingir que está tudo bem quando, na verdade, não está. Um grito que vem das nossas entranhas quando encontramos coragem para celebrar os momentos de intensa alegria, mesmo depois de termos nos convencido de que saborear a felicidade é um convite para o desastre.

*Revolução* talvez soe meio dramático, mas, neste mundo, optar pela autenticidade e pela autoestima é um ato de absoluta resistência. Optar por amar e viver de todo o coração é um desafio. Você vai confundir, irritar e aterrorizar muita gente, inclusive a si mesmo(a). Em um minuto vai rezar para que a transformação pare e, no minuto seguinte, vai rezar para que nunca termine. Você também vai se perguntar como é possível sentir tanta coragem e tanto medo ao mesmo tempo. Pelo menos é assim que me sinto na maior parte do tempo... corajosa, apavorada e muito, muito viva.

# SOBRE O PROCESSO DE PESQUISA

## *Para os que buscam emoções e os viciados em metodologia*

Há alguns anos, uma jovem se aproximou de mim depois de uma palestra e disse:
– Espero que você não ache isto estranho, grosseiro ou coisa parecida, mas você não tem jeito de pesquisadora.
Não disse mais nada. Só ficou parada, esperando e parecendo confusa. Sorri e perguntei:
– Como assim?
– Você parece muito normal – respondeu ela.
– Bem, as aparências enganam. Sou muito *não* normal – retruquei, rindo.
Acabamos tendo uma conversa ótima. Ela era uma mãe solo que cursava psicologia e adorava as aulas sobre pesquisa, mas sua orientadora na faculdade não a incentivava a seguir a carreira de pesquisadora. Conversamos sobre trabalho e maternidade e sobre a suposta aparência que teriam os pesquisadores. Pelo jeito, me faltavam as cobaias, o jaleco branco e o cromossomo Y. Ela me disse:
– Eu imaginava homens mais velhos, trabalhando em laboratórios e estudando ratos, não uma mãe superocupada que estuda sentimentos.
O caminho que me levou a ser pesquisadora foi tudo, menos direto e definido, o que, ironicamente, deve ser o motivo e o modo de eu ter acabado estudando o comportamento e os sentimentos humanos para ga-

nhar a vida. Entrei e saí da faculdade algumas vezes, em um bom número de anos. Durante os "semestres fora", trabalhei como garçonete e em balcões de bar, viajei de carona pela Europa, joguei muito tênis... bem, você já entendeu.

Descobri o trabalho de assistente social com 20 e tantos anos e soube que era o meu lugar. Fiz dois anos de curso básico na faculdade, para melhorar minha média de notas o suficiente para ingressar em um curso de Assistência Social de uma grande universidade. Foi nessas aulas do curso básico que me apaixonei pela ideia de lecionar e escrever.

Após anos desistindo e recomeçando, concluí com louvor o bacharelado em Assistência Social na Universidade do Texas em Austin. Tinha 29 anos e me candidatei imediatamente à pós-graduação na Universidade de Houston. Fui aceita, trabalhei duro, terminei o mestrado e passei na prova para o doutorado.

Durante os estudos do doutorado, descobri a pesquisa qualitativa. Diferentemente da pesquisa quantitativa, que abrange testes e estatísticas que nos fornecem o necessário para prever e controlar fenômenos, a qualitativa trata de procurar padrões e temas que ajudem a compreender melhor os fenômenos estudados. São duas abordagens igualmente importantes, mas muito diferentes.

Uso uma metodologia qualitativa específica, chamada Teoria Fundamentada em Dados.[53] Tive a felicidade de aprendê-la com Barney Glaser, um dos dois homens que desenvolveram essa metodologia nos anos 1960. O Dr. Glaser veio da Califórnia para ser o metodologista da minha banca de doutorado.

A premissa básica da pesquisa da Teoria Fundamentada em Dados é começar com o mínimo possível de hipóteses e ideias preconcebidas, para que se possa construir uma teoria baseada nos dados que emergem do processo. Por exemplo, quando comecei com aquilo a que depois chamaria de Pesquisa da Vida Plena, eu tinha duas perguntas: Qual é a estrutura da conexão humana e de que modo ela funciona? Depois de estudar o que havia de melhor e pior na humanidade, eu tinha aprendido que nada é tão importante quanto a conexão humana, e queria saber mais sobre como desenvolvemos vínculos significativos.

No processo de coletar dados para responder a essas perguntas, topei com a vergonha – esse sentimento que corrói a conexão. Decidi fazer um desvio rápido para compreender a vergonha, a fim de entender melhor a conexão. A essa altura, minhas perguntas passaram a ser: "O que é a vergonha e de que modo ela afeta nossa vida?"

Meu desvio rápido transformou-se em oito anos (havia muito a aprender). Formulei novas perguntas com base no que tinha aprendido: os homens e as mulheres que haviam aceitado suas vulnerabilidades e imperfeições e desenvolvido um nível poderoso de resiliência em relação à vergonha pareciam valorizar certo estilo de vida. O que eles valorizavam e como cultivavam o que lhes era necessário? Essas perguntas tornaram-se a base para determinar o que é preciso para a maioria das pessoas viver de todo o coração.

Meus dados não vêm de questionários nem de levantamentos; entrevisto as pessoas e coleto suas histórias usando notas de campo. Basicamente, sou uma coletora de histórias. Nos últimos dez anos, coletei mais de dez mil histórias. Conduzi entrevistas formais de pesquisa com quase mil homens e mulheres, individualmente e em grupos de discussão. As pessoas compartilharam suas histórias comigo por meio de cartas, e-mails, comentários no meu blog e cursos em que lecionei. Algumas até me enviaram seus trabalhos artísticos e cópias de seus diários. Também fiz apresentações para dezenas de milhares de profissionais de saúde mental que compartilharam comigo seus estudos de caso.

Quando termino de entrevistar, analiso as histórias em busca de temas e padrões, para poder gerar teorias a partir dos dados. Quando os codifico (analiso as histórias), entro no modo de pesquisa profunda, no qual meu único foco é captar com precisão o que ouvi nas histórias. Não penso em como eu diria alguma coisa, apenas em como os entrevistados a disseram. Não penso no que uma experiência significaria para mim, apenas no que significou para a pessoa que me falou dela.

Em vez de abordar um problema dizendo "Preciso coletar evidências do que sei ser verdade", a Teoria Fundamentada em Dados me obriga a abandonar meus interesses e preocupações para poder me concentrar nas preocupações, nos interesses e nas ideias das pessoas que entrevisto.

O processo de codificação dos dados é trabalhoso e difícil. Meu marido, Steve, gosta de viajar com as crianças quando entro na fase de comparar, analisar e anotar informações. Segundo ele, é meio assustador, porque fico andando pela casa em uma espécie de transe e resmungando com uma pilha de blocos de anotação nas mãos. É um processo muito sedutor.

O que mais amo/detesto na Teoria Fundamentada em Dados é que ela nunca acaba realmente. A teoria que você gera a partir dos seus dados só é "boa" na medida em que é capaz de explicar novos dados. Isso significa que, toda vez que você coleta uma nova história ou informação, é necessário examiná-la à luz da teoria que desenvolveu. Ela funciona? Continua válida? A teoria existente processa a nova informação de forma lógica?

Se você acompanha meu blog ou já esteve em alguma das minhas palestras, deve poder atestar a natureza evolutiva da minha construção teórica. Se quisermos honrar as histórias que as pessoas compartilham conosco, precisamos ser rigorosos nas nossas tentativas de captar com exatidão o seu significado. É um desafio, mas, sinceramente, amo o que faço.

Se você tiver interesse em saber mais sobre a Teoria Fundamentada em Dados, ou quiser mais informações sobre metodologia, acesse meu site – www.brenebrown.com –, onde encontrará links para artigos acadêmicos sobre a Teoria da Resiliência à Vergonha e a Teoria da Vida Plena.

# REFERÊNCIAS

## PREFÁCIO

1. Brené Brown, *Connections: A 12-Session Psychoeducational Shame-Resilience Curriculum* (Center City, Minnesota: Hazelden, 2009); Brené Brown, *Eu achava que isso só acontecia comigo: Como combater a cultura da vergonha e recuperar o poder e a coragem*, Rio de Janeiro: Sextante, 2019; Brené Brown, "Shame Resilience Theory", *in* Susan P. Robbins, Pranab Chatterjee e Edward R. Canda (orgs.), *Contemporary Human Behavior Theory: A Critical Perspective for Social Work* (Boston: Allyn and Bacon, ed. rev., 2007); Brené Brown, "Shame Resilience Theory: A Grounded Theory Study on Women and Shame", *Families in Society* 87, nº 1 (2006), pp. 43-52.

## INTRODUÇÃO: VIVER PLENAMENTE

2. Stuart Brown e Christopher Vaughan, *Play: How It Shapes the Brain, Opens the Imagination, and Invigorates the Soul* (Nova York: Penguin Group, 2009).

## CORAGEM, COMPAIXÃO E CONEXÃO: A ARTE DA IMPERFEIÇÃO

3. Não sei ao certo onde surgiu pela primeira vez a expressão *coragem comum*, mas eu a descobri em um artigo da pesquisadora Annie Rogers sobre mulheres e meninas.

4. Pema Chödrön, *Os lugares que nos assustam: um guia para despertar nossa coragem em tempos difíceis*, trad. José Carlos G. Ribeiro, Rio de Janeiro: Sextante, 2003.

5. Ibid.

6. Daniel Goleman, *Social Intelligence: The New Science of Human Relationships* (Nova York: Random House/Bantam Dell, 2006) [*Inteligência social: O poder das relações humanas*, trad. Ana Beatriz Rodrigues, Rio de Janeiro: Elsevier, 2007].

### EXPLORANDO O PODER DO AMOR, DO PERTENCIMENTO E DA SUFICIÊNCIA

7. bell hooks, *All About Love: New Visions* (Nova York: HarperCollins Publishers, Harper Paperbacks, 2001).
8. Comentário do blog, usado com permissão de Justin Valentin.
9. Comentário do blog, usado com permissão de Renae Cobb.

### AS COISAS QUE ATRAPALHAM

10. Brené Brown, *Eu achava que isso só acontecia comigo: Como combater a cultura da vergonha e recuperar o poder e a coragem*, Rio de Janeiro: Sextante, 2019.
11. A resenha mais abrangente da literatura atual acerca das pesquisas sobre vergonha e culpa pode ser encontrada em *Shame and Guilt*, de June Price Tangney e Ronda L. Dearing (Nova York: Guilford Press, 2002).
12. Linda M. Hartling, Wendy Rosen, Maureen Walker e Judith V. Jordan, *Shame and Humiliation: From Isolation to Relational Transformation*, texto preparatório nº 88 (Wellesley, Massachusetts: The Stone Center, Wellesley College, 2000).

### DIRETRIZ Nº 1 – CULTIVE A AUTENTICIDADE: LIBERTE-SE DO QUE OS OUTROS PENSAM

13. James R. Mahalik, Elisabeth B. Morray, Aimée Coonerty-Femiano, Larry H. Ludlow, Suzanne M. Slattery e Andrew Smiler, "Development of the Conformity to Feminine Norms Inventory", *Sex Roles* 52, nº 7-8 (2005), pp. 417-435.
14. James R. Mahalik, W. Tracy Talmadge, Benjamin D. Locke e Ryan P. J. Scott, "Using the Conformity to Masculine Norms Inventory to Work with Men in a Clinical Setting", *Journal of Clinical Psychology* 61, nº 6 (2005), pp. 661-674; James R. Mahalik, Benjamin D. Locke, Larry H. Ludlow, Matthew A. Diemer, Ryan P. J. Scott, Michael Gottfried e Gary Freitas, "Development of the Conformity to Masculine Norms Inventory", *Psychology of Men and Masculinity* 4, nº 1 (2003), pp. 3-25.
15. Blog de Katherine Center, texto para o vídeo *Defining a Movement*, postado em 28 de janeiro de 2010, <http://www.katherinecenter.com/defining-a-movement/>.

## DIRETRIZ Nº 2 – CULTIVE A AUTOCOMPAIXÃO: LIBERTE-SE DO PERFECCIONISMO

16. Anna Quindlen, "Anna Quindlen's Commencement Speech", <http://www.mtholyoke.edu/offices/comm/oped/Quindlen.shtml>; Anna Quindlen, *Mania de perfeição*, trad. Maria Helena Rouanet, Rio de Janeiro: Carpe Diem, 2005.

17. Joe Scott, "The Effect of Perfectionism and Unconditional Self-Acceptance on Depression", *Journal of Rational-Emotive and Cognitive-Behavior Therapy* 25, nº 1 (2007), pp. 35-64; Anna M. Bardone-Cone, Katrina Sturm, Melissa A. Lawson, D. Paul Robinson e Roma Smith, "Perfectionism across Stages of Recovery from Eating Disorders", *International Journal of Eating Disorders* 43, nº 2 (2010), pp. 139-148; Hyunjoo Park, P. Paul Heppner e Dong-gwi Lee, "Maladaptive Coping and Self-Esteem as Mediators between Perfectionism and Psychological Distress", *Personality and Individual Differences* 48, nº 4 (março de 2010), pp. 469-474.

18. Christopher K. Germer, *The Mindful Path to Self-Compassion: Freeing Yourself from Destructive Thoughts and Emotions* (Nova York: Guilford Press, 2009).

19. Kristin D. Neff, "Self-Compassion: An Alternative Conceptualization of a Healthy Attitude Toward Oneself", *Self and Identity* 2 (2003), pp. 85-101.

20. Kristin D. Neff, "The Development and Validation of a Scale to Measure Self-Compassion", *Self and Identity* 2 (2003), pp. 223-250.

21. Leonard Cohen, "Anthem", *The Future*, Columbia Records, 1992.

## DIRETRIZ Nº 3 – CULTIVE UM ESPÍRITO RESILIENTE: LIBERTE-SE DO ENTORPECIMENTO E DA IMPOTÊNCIA

22. Usado com permissão de Terri St. Cloud.

23. Suniya S. Luthar, Dante Cicchetti e Bronwyn Becker, "The Construct of Resilience: A Critical Evaluation and Guidelines for Future Work", *Child Development* 71, nº 3 (2000), pp. 543-562; Suniya S. Luthar e Dante Cicchetti, "The Construct of Resilience: Implications for Interventions and Social Policies", *Development and Psychopathology* 12 (2000), pp. 857-885; Christine E. Agaibi e John P. Wilson, "Trauma, PTSD, and Resilience: A Review of the Literature", *Trauma, Violence, and Abuse* 6, nº 3 (2005), pp. 195-216; Anthony D. Ong, C. S. Bergeman, Toni L. Bisconti e Kimberly A. Wallace, "Psychological Resilience, Positive Emotions, and Successful Adaptation to Stress in Later Life", *Journal of Personality and Social Psychology* 91, nº 4 (2006), pp. 730-749.

24. C. R. Snyder, *Psychology of Hope: You Can Get There from Here* (Nova York: Free Press, brochura, 2003); C. R. Snyder, "Hope Theory: Rainbows in the Mind", *Psychological Inquiry* 13, nº 4 (2002), pp. 249-275.
25. C. R. Snyder, Kenneth A. Lehman, Ben Kluck e Yngve Monsson, "Hope for Rehabilitation and Vice Versa", *Rehabilitation Psychology* 51, nº 2 (2006), pp. 89-112; C. R. Snyder, "Hope Theory: Rainbows in the Mind", *Psychological Inquiry* 13, nº 4 (2002), pp. 249-275.
26. Jean Kilbourne, "Lecture Series: What Are Advertisers Really Selling Us?", <https://www.jeankilbourne.com/lectures/>.
27. *Killing Us Softly 4: Advertising's Image of Women*, DVD, direção de Sut Jhally (Northampton, Massachusetts: Media Education Foundation, 2010).
28. *Tough Guise: Violence, Media, and the Crisis in Masculinity*, DVD, direção de Sut Jhally (Northampton, Massachusetts: Media Education Foundation, 1999).
29. Gerard J. Connors, Stephen A. Maisto e William H. Zywiak, "Male and Female Alcoholics' Attributions Regarding the Onset and Termination of Relapses and the Maintenance of Abstinence", *Journal of Substance Abuse* 10, nº 1 (1998), pp. 27-42; G. Alan Marlatt e Dennis M. Donovan, *Prevenção de recaída: Estratégias de manutenção no tratamento de comportamentos adictivos*, trad. Magda França Lopes, Porto Alegre: Artmed, 2009; Norman S. Miller e Mark S. Gold, "Dissociation of 'Conscious Desire' (Craving) from and Relapse in Alcohol and Cocaine Dependence", *Annals of Clinical Psychology* 6, nº 2 (1994), pp. 99-106.

## DIRETRIZ Nº 4 – CULTIVE A GRATIDÃO E A ALEGRIA: LIBERTE-SE DA ESCASSEZ E DO MEDO DO ESCURO

30. Anne Robertson, "Joy or Happiness?", St. John's United Methodist Church, <www.stjohnsdover.org/99adv3.html>. Usado com permissão de Anne Robertson.
31. Lynne Twist, *The Soul of Money: Transforming Your Relationship with Money and Life* (Nova York: W. W. Norton and Company, 2003), p. 44.
32. Ibid., p. 75.
33. Brené Brown, *Eu achava que isso só acontecia comigo: Como combater a cultura da vergonha e recuperar o poder e a coragem*, Rio de Janeiro: Sextante, 2019, p. 213.

## DIRETRIZ Nº 5 – CULTIVE A INTUIÇÃO E A FÉ CONFIANTE: LIBERTE-SE DA NECESSIDADE DA CERTEZA

34. "Intuition", <www.Dictionary.com> (acesso em 17 de fevereiro de 2010).

35. David G. Myers, *Intuition: Its Powers and Perils* (New Haven, Connecticut: Yale University Press, 2002); Gerd Gigerenzer, *O poder da intuição: O inconsciente dita as melhores decisões*, trad. Alexandre Rosas, Rio de Janeiro: Best Seller, 2009.
36. Richard Rohr, "Utterly Humbled by Mystery", publicado em 18 de dezembro de 2006, série "This I Believe", da National Public Radio, <http://www.npr.org/templates/story /story.php?storyId=6631954> (acesso em 15 de fevereiro de 2010).
37. Anne Lamott, *Plan B: Further Thoughts on Faith* (Nova York: Penguin Group, Riverhead Books, brochura, 2006), pp. 256-257.
38. Anne Lamott, *Bird by Bird: Some Instructions on Writing and Life* (Nova York: Random House, Anchor Books, 1995); Anne Lamott, *Grace (Eventually): Thoughts on Faith* (Nova York: Penguin Group, Riverhead Books, brochura, 2008).
39. Sue Monk Kidd, *When the Heart Waits: Spiritual Direction for Life's Sacred Questions* (Nova York: HarperCollins, HarperOne, 2006).
40. Pema Chödrön, *Comfortable with Uncertainty: 108 Teachings on Cultivating Fearlessness and Compassion* (Boston, Massachusetts: Shambhala Publications, 2008).
41. Paulo Coelho, *O alquimista*, Rio de Janeiro: Rocco, 1988.

DIRETRIZ Nº 7 – CULTIVE A BRINCADEIRA E O DESCANSO: LIBERTE-SE DA CRENÇA DE QUE EXAUSTÃO É SÍMBOLO DE STATUS E PRODUTIVIDADE É SINÔNIMO DE VALOR PESSOAL

42. Stuart Brown e Christopher Vaughan, *Play: How It Shapes the Brain, Opens the Imagination, and Invigorates the Soul* (Nova York: Penguin Group, 2009).
43. Ibid.
44. "Sleep and Sleep Disorders: A Public Health Challenge", <www.cdc.gov/sleep/>; L. R. McKnight-Eily *et al.*, "Perceived Insufficient Rest or Sleep – Four States, 2006", *MMWR (Morbidity and Mortality Weekly Report)* 57, nº 8 (29 de fevereiro de 2008), pp. 200-203, <www.cdc.gov/mmwr/preview/mmwrhtml/mm5708a2.htm> (acesso em 2 de janeiro de 2010), dados analisados a partir do CDC's Behavioral Risk Factor Surveillance System (BRFSS) [Sistema de Vigilância de Fatores Comportamentais de Risco, dos Centros de Controle e Prevenção de Doenças, Estados Unidos].
45. Daniel H. Pink, *A Whole New Mind: Why Right-Brainers Will Rule the Future*, brochura (Penguin Group, Riverhead Books, 2006).

DIRETRIZ Nº 8 – CULTIVE A CALMA E A QUIETUDE: LIBERTE-SE DA ANSIEDADE COMO ESTILO DE VIDA

46. Maude Bryt, *Baby Love: A Tradition of Calm Parenting* (Nova York: Dell, 1998).

47. Harriet Lerner, *The Dance of Connection: How to Talk to Someone When You're Mad, Hurt, Scared, Frustrated, Insulted, Betrayed, or Desperate* (Nova York: HarperCollins, 2002).
48. Ibid.

DIRETRIZ Nº 9 – CULTIVE O TRABALHO SIGNIFICATIVO: LIBERTE-SE DA INSEGURANÇA E DO QUE SE ESPERA DE VOCÊ

49. Marci Alboher, *One Person/Multiple Careers: A New Model for Work/Life Success* (Nova York: Business Plus, 2007).
50. Malcolm Gladwell, *Fora de série: Outliers: descubra por que algumas pessoas têm sucesso e outras não*, trad. Ivo Korytowski, Rio de Janeiro: Sextante, 2008.
51. Paulo Coelho, *O alquimista*, Rio de Janeiro: Rocco, 1988.

DIRETRIZ Nº 10 – CULTIVE O RISO, A MÚSICA E A DANÇA: LIBERTE-SE DA NECESSIDADE DE SER DESCOLADO(A) E DE ESTAR SEMPRE NO CONTROLE

52. Barbara Ehrenreich, *Dançando nas ruas: Uma história do êxtase coletivo*, trad. Julián Fuks, Rio de Janeiro: Record, 2010.

SOBRE O PROCESSO DE PESQUISA: PARA OS QUE BUSCAM EMOÇÕES E OS VICIADOS EM METODOLOGIA

53. Barney G. Glaser e Anselm L. Strauss, *The Discovery of Grounded Theory: Strategies for Qualitative Research* (Hawthorne, Nova York: Aldine Transaction, 1967); Barney G. Glaser, *Theoretical Sensitivity: Advances in the Methodology of Grounded Theory* (Mill Valley, Califórnia: Sociology Press, 1978); Barney G. Glaser, *Basics of Grounded Theory Analysis: Emergence vs. Forcing* (Mill Valley, Califórnia: Sociology Press, 1992); Barney G. Glaser, *Doing Grounded Theory: Issues and Discussions* (Mill Valley, Califórnia: Sociology Press, 1998); Barney G. Glaser, *The Grounded Theory Perspective: Conceptualization Contrasted with Description* (Mill Valley, Califórnia: Sociology Press, 2001); Barney G. Glaser, *The Grounded Theory Perspective II: Description's Remodeling of Grounded Theory* (Mill Valley, Califórnia: Sociology Press, 2003); Barney G. Glaser, *The Grounded Theory Perspective III: Theoretical Coding* (Mill Valley, Califórnia: Sociology Press, 2005).

# AGRADECIMENTOS

*Minha mais profunda gratidão a:*

Patricia Broat, Karen Casey, Karen Chernyaev, Kate Croteau, April Dahl, Ronda Dearing, Sid Farrar, Margarita Flores, Karen Holmes, Charles Kiley, Polly Koch, Shawn Ostrowski, Cole Schweikhardt, Joanie Shoemaker, Dave Spohn, Diana Storms, Ashley Thill, Sue Thill, Alison Vandenberg, Yolanda Villarreal, Jo-Lynne Worley, meus amigos da Move-a-Body, minha família e os Lovebombers.

## CONHEÇA ALGUNS DESTAQUES DE NOSSO CATÁLOGO

- Augusto Cury: Você é insubstituível (2,8 milhões de livros vendidos), Nunca desista de seus sonhos (2,7 milhões de livros vendidos) e O médico da emoção

- Dale Carnegie: Como fazer amigos e influenciar pessoas (16 milhões de livros vendidos) e Como evitar preocupações e começar a viver

- Brené Brown: A coragem de ser imperfeito – Como aceitar a própria vulnerabilidade e vencer a vergonha (600 mil livros vendidos)

- T. Harv Eker: Os segredos da mente milionária (2 milhões de livros vendidos)

- Gustavo Cerbasi: Casais inteligentes enriquecem juntos (1,2 milhão de livros vendidos) e Como organizar sua vida financeira

- Greg McKeown: Essencialismo – A disciplinada busca por menos (400 mil livros vendidos) e Sem esforço – Torne mais fácil o que é mais importante

- Haemin Sunim: As coisas que você só vê quando desacelera (450 mil livros vendidos) e Amor pelas coisas imperfeitas

- Ana Claudia Quintana Arantes: A morte é um dia que vale a pena viver (400 mil livros vendidos) e Pra vida toda valer a pena viver

- Ichiro Kishimi e Fumitake Koga: A coragem de não agradar – Como se libertar da opinião dos outros (200 mil livros vendidos)

- Simon Sinek: Comece pelo porquê (200 mil livros vendidos) e O jogo infinito

- Robert B. Cialdini: As armas da persuasão (350 mil livros vendidos)

- Eckhart Tolle: O poder do agora (1,2 milhão de livros vendidos)

- Edith Eva Eger: A bailarina de Auschwitz (600 mil livros vendidos)

- Cristina Núñez Pereira e Rafael R. Valcárcel: Emocionário – Um guia lúdico para lidar com as emoções (800 mil livros vendidos)

- Nizan Guanaes e Arthur Guerra: Você aguenta ser feliz? – Como cuidar da saúde mental e física para ter qualidade de vida

- Suhas Kshirsagar: Mude seus horários, mude sua vida – Como usar o relógio biológico para perder peso, reduzir o estresse e ter mais saúde e energia

sextante.com.br